아들러 심리학을 읽는 밤

아들러 심리학을 읽는 밤

『미움받을 용기』 기시미 이치로의 아들러 심리학 입문

기시미 이치로 지음 | 박재현 옮김

살림

어떻게 살면 좋을까?
－아들러 심리학은 이 물음에 명확하게 답할 수 있다

우리에게 프로이트와 융이라는 이름은 익숙한 편이다. 반면 동시대를 살았던 오스트리아 정신과 의사 알프레드 아들러라는 이름은 비교적 생소하다. 하지만 세계적으로 아들러는 프로이트, 융과 더불어 심리학의 3대 거장으로 꼽힌다.

아들러(1870~1937년)는 원래 1902년부터 프로이트가 운영했던 빈 정신분석학회의 핵심적인 회원으로 활약했던 인물이다. 그러나 학설상의 대립으로 학회를 탈퇴한 뒤, 프로이트 이론과는 양립할 수 없는 독자적인 이론을 구축했다. 그리고 '개인심리학(individual psychology, individualpsychologie)'이라

이름 지었다. 분할할 수 없는 것(in-dividu-um)으로서의 인간을 다룬다는 의미에서 '개인심리학'이라 명명하기는 했지만, 이 명칭만으로는 아들러가 의도하는 바가 분명히 전해지지 않는 측면이 있다. 그래서 오늘날에는 일반적으로 창시자인 아들러의 이름을 따서 '아들러 심리학'이라 불린다.

아들러는 원래 사회주의에 관심이 있어서 초기에는 정치 개혁에 의한 사회변혁을 추구했다. 그러나 막상 정치 현실을 자신의 눈으로 확인하고서는 그 한계를 절감하게 됐다. 그로 인해 아들러는 정치가 아닌 제대로 된 육아와 교육을 통해서만이 개인의 구원, 그리고 나아가 인류의 구원이 가능하다고 생각했다. 그래서 아들러는 빈에 아동상담소를 설치하고 상담 활동에 힘을 쏟아부었다. 그도 그럴 것이 당시 제1차 세계대전에서 패전한 오스트리아는 황폐해질 대로 황폐해져 있었던 데다가, 비행 청소년 문제가 심각한 사회문제로 대두되고 있었기 때문이었다.

그렇기에 육아와 교육은 아들러 심리학의 핵심이라 할 수 있다. 아들러 심리학에서는 힘으로 아이들을 억박지르지 말고 '전폭적인 신뢰로 아이들을 대하라'고 가르친다. 실제로 아들러는 자신의 아이들을 그런 방식으로 대했고, 그런 아들러의 태도가 그의 심리학에 그대로 반영되어 있다.

나치즘이 등장하고 유대인 박해를 우려한 아들러는 활동 무대를 곧장 미국으로 옮겼다. 미국에서도 아들러는 정력적인 강연 활동을 펼쳤고, 그런 가운데 출판한 다수의 책들이 베스트셀러가 됐다. 사실 아들러가 전하는 내용은 쉽고 명료하다. 그렇기 때문에 이해하는 데에 큰 어려움이 없다. 아들러의 강의는 전문용어를 별로 사용하지 않았고, 누구나 쉽게 이해할 수 있을 만큼 명쾌했다. 사실 그 때문에 오히려 전문가들의 반감을 사기도 했다. 어느 날 강연을 마친 아들러에게 청중 가운데 한 사람이 찾아와서 오늘 들은 것은 모두 상식(common sense)에 불과하다고 면전에서 투덜거린 적도 있을 정도였다. 아들러로부터 어떤 고상하고 원대한 이야기를 듣고자 했던 사람에게는 아들러의 강연이 너무나도 쉽고 뻔한 이야기처럼 들렸을 수도 있었을 것 같다. 그만큼 아들러의 강의는 평이해서 누구나 어렵지 않게 이해할 수 있었다.

오늘날 아들러의 이름을 굳이 언급하고 있지는 않지만, 아들러의 사상은 여러 곳에서 널리 활용되고 있다. 구체적인 예로, 오래 전에 나왔지만 여전히 사랑받는 데일 카네기의 『인간관계론』, 스티븐 코비의 『성공하는 사람들의 7가지 습관』, 리처드 칼슨의 『사소한 것에 목숨 걸지 마라』 등을 꼽을 수 있다. 이 책들에는 아들러와 비슷한 생각이 담겨 있다.

이들 모두가 아들러 심리학을 바탕으로 쓰였다고 말할 수는 없다. 스티븐 코비와 리처드 칼슨은 아들러를 잘 몰랐고 그에게 특별하게 영향을 받은 것 같지는 않다. 하지만 데일 카네기는 그의 책에서 분명하게 아들러의 사상을 가져다 쓰고 있다.

조금만 주의 깊게 아들러 심리학을 들여다보면 금은보화로 가득한 산 같다. 그렇기 때문에 눈 밝은 사람들은 그 보물들을 얼마든지 가져다 쓸 수 있다. 그게 아들러 심리학의 특징이다.

이처럼 아들러의 사상을 자기계발서에서 가져다 쓰는 일은 비단 최근의 일만은 아니다. 이미 아들러가 살았던 시대에도 그런 일이 종종 있었다. 하지만 아들러는 그런 사실을 알았을 때도 너그러운 마음으로 "언젠가 아무도 내 이름을 떠올리지 않고 사람들은 아들러 학파가 존재했다는 것조차 까맣게 잊을지 모른다. 그래도 상관없다."고 말했다고 한다. 아마도 아들러는 자신의 생각이 널리 통용되는 것을 더 보람 있게 생각했고, 그런 날이 빨리 오기를 더 기대했던 것 같다.

내가 아들러 심리학을 공부하기 시작한 것은 아들이 두 살 때였다. 얼마 있다가 딸도 태어났다. 아이들이 성장한 지금에 와서 내 아이들과의 관계를 되돌아보면, 내가 아들러 심리학을 공부한 건 정말 다행이었다는 생각이 든다. 왜냐하면 아들러 심리학을 공부하고 난 뒤 내가 아이들을 대하는 방식이 완전히 달라졌기 때문이다.

책을 읽어나가다 보면 독자들도 느끼게 되겠지만, 아들러 심리학은 아이를 키우고 교육시키는 데 매우 유익한 통찰을 준다. 타인의 기대에 얽매이지 않고 아이가 삶에 자기 나름의 의미를 부여하며 행복하게 살아갈 수 있도록 키우는 데 있어서 아들러 심리학만큼 도움이 되는 이론도 드물다.

게다가 아들러의 심리학은 우리에게 또 다른 커다란 깨우침을 준다. 사실 나는 대학에서 철학을 공부했다. 철학의 연구 주제는 참으로 다양하지만, 나는 그중에서 '행복이란 무엇인가?'라는 실천적인 주제를 연구했다. 그러나 그 물음에 대한 명확한 답을 찾는 일은 쉽지 않았다. 나는 여전히 답을 찾지 못한 채 30대를 맞게 됐다. 그러다 우연히 아들러 심리학을 접하게 됐는데, 놀랍게도 아들러 심리학 안에 내가 철학을 공부하며 그때까지 추구해왔던 여러 가지 물음에 대한 명쾌한 답이 들어 있다는 것을 깨닫게 됐다. 명쾌한 답이 없는 경우에는 적어도 그 답에 접근해갈 수 있는 분명한 길을 보여줬다.

한 가지 예를 들어보자. 아들러는 우리가 살아가면서 겪게 되는 고민은 인간관계에서 비롯된다고 분명하게 밝혔다. 우리 마음이 상처를 입고 그 상처로 인해 고민과 고통을 겪게 되는 것이 아니라면서 "트라우마는 없다."라고 잘라 말했다. 프로이트를 비롯한 대부분의 심리학에서는 인과관계로 인간의 심리 상태를 설명한다. 트라우마 이론이 대표적이다. 아들러는 그런 인과관계 대신에 목적론을 내세웠다. 내 전공이기도 한 고대 그리스 철학에서 플라톤이나 아리스토텔레스 역시 목적론을 내세웠기에 그 공통점이 매우 흥미로웠다. 게다가 아들러는 그런 목적론을 아이를 교육하거나 환자를 대할 때 실천적으로 응용했다는 것이 더욱더 나의 흥미를 끌었다.

아들러 심리학이 다른 심리학과 크게 다른 것이 바로 이 지점이다. 아들러는 병이 낫거나 혹은 이상이 없어지면 정상이 된다는 식으로 생각하지 않았다. 그 대신 끊임없이 '정상이란 무엇인가?' '건강이란 무엇인가?' '행복이란 무엇인가?'를 질문했다. 이런 물음은 무척 중요하다. 우리가 지금 어떤 모습을 하고 있든 정상 혹은 건강한 모습에 대하여 이해하고, 그런 상태를 목표로 스스로를 훈련해나가야 행복에 이를 수 있기 때문이다.

그런데 아들러 심리학은 바로 그 목표에 대한 선명한 이미지를 갖고 있었던 것이다. 게다가 그것을 달성하기 위한 방법까지도 매우 구체적으로 제시하고 있어서 철학자인 나로서는 놀라지 않을 수 없었다. 그때부터 나는 전공인 철학 연구와 함께 아들러 심리학에 대한 연구도 병행하게 됐다.

이 책은 내가 '어떻게 하면 행복하게 살아갈 수 있는가?'라는 인류의 오랜 물음에 대해 아들러 심리학으로부터 들은 대답이다. 아들러 심리학에서는 그 질문에 대해 어떤 식으로 답을 찾아갔는지를 살펴보고, 그 결과 '어떻게 살아가면 좋은가?'에 대해 어떤 지침을 내놓았는지, 독자 여러분께 알려드리고자 한다.

아들러 심리학이 어려울 것이란 걱정은 필요 없다. 옛날에 빈에서 아들러와 함께 일하던 리디아 지하(Lydia Sicher)는 어느 토요일에 아들러의 『신경질에 대하여』를 읽기 시작했다고 한다. 그러고는 일요일과 공휴일이었던 월요일까지 책을 손에서 놓지 못했다면서 다음과 같이 그녀의 일기장에 적어놓았다.

몹시 더운 날이었지만, 나는 혼자 있을 수 있다는 것이 행복했다. 나는 아들러의 책을 처음부터 끝까지 세 번을 읽었다. 화요일 아침이 되어서야 나는 의자에서 일어섰다. 그때 세계는 완전히 달라져 있었다. 아들러는 내게 가르쳐주었다. 세상은 생각하기에 따라 얼마든지 심플해질 수 있다는 것을.

이 책을 통해 여러분이 아들러 심리학을 접할 때에도 같은 행복과 감동, 깨달음을 얻게 되기를 기대한다.

기시미 이치로

차 례

제1부 •─────────────────────────────

아들러에게 듣는
용기의 심리학

제1장

미움 받을 용기

지금 하고 싶은 일을 하고 있는가

인생의 의미는
자기 자신이 정하는 것이다

우리는 인생살이에서 겪게 되는 문제들에 대해 모든 책임이 자기 자신에게 있다는 생각은 쉽게 받아들이기 어렵다. 그러나 냉정하게 생각해보면 깨닫게 된다. 우리 자신의 인생은 어느 누구도 대신해줄 수 없다. 세상살이가 순조롭지 못할 때에도 아무도 자신을 대신하여 문제를 해결해줄 수 없다. 그 책임을 자기 자신 이외의 외적인 것이나 과거의 사건에 돌릴 수도 없다. 타고난 재능이 없다고 한탄해봐야 아무것도 나아질 게 없다.

　모든 것은 이미 정해져 있고, 자신은 어찌해볼 여지가 없다고 생각한다면 불행이 닥쳤을 때 그걸 눈앞에 두고 그저 수수

방관할 수밖에 없다. 그냥 앉아서 기다릴 따름이다. 하지만 인생은 그런 것이 아니다. 우리 자신의 인생은 우리 스스로 만드는 것이다. 그리고 우리 인생의 무대에서 주인공은 '나'다. 이 사실을 직시하게 되면 문제와 마주했을 때 자기 자신이 나서서 행동하는 수밖에 없다는 것을 알게 된다. 그리고 그럴 때 우리 삶에 보람이 생긴다는 것 역시 깨닫게 된다.

어떤 사람이 물었다.

"인생의 의미는 무엇입니까?"

아들러는 그 질문에 이렇게 대답했다.

"일반적으로 주어진 '인생의 의미'라는 것은 없습니다. '인생의 의미'는 당신 스스로가 자기 자신에게 부여하는 것입니다."

나의 어머니는 뇌경색으로 49세 나이에 세상을 떠났다. 당시 나는 스무 살을 넘긴 나이였는데도, 어머니는 입버릇처럼 "아이들이 다 크면 그때 마음껏 여행을 다니겠다."고 이야기하곤 했다. 내가 기억하는 범위 내에서 어머니가 아버지와 단둘이서 여행을 떠났던 건 한 번뿐이었다. 내가 초등학생 때, 두 분이서 도쿄에 다녀왔던 적이 한 번 있었던 것이다. 그때를 제외하고는 단 한 번도 여행을 떠나지 못했다. 아마도 당신은 아이들이 커서 자립을 하게 되면, 그때에야 비로소 자신의 인생을 누릴 수 있다고 생각하셨던 것 같다.

그러나 뇌경색으로 쓰러진 어머니는 반신불수가 됐다. 몸을 자유롭게 움직일 수 없게 되어버렸던 것이다. 어머니가 인생을 누리려고 계획했던 그 시기에 거꾸로 인생을 잃어버리게 된 셈이었다. 서서히 당신이 처한 상황을 파악한 어머니는 공황 상태가 되었다. 아버지와 나는 어머니가 어떤 상태인지, 앞으로 어떻게 치료를 받아나가야 하는지에 대해 설명하지 않았다. 어머니의 상태가 너무 좋지 않아서 만약 사실대로 알리면 불안하고 우울해 할 것 같았기 때문이었다.

하지만 어머니는 그 사실을 알고 나와 아버지께 불같이 화를 냈다. 지금 그 당시를 돌이켜 생각해보면 잘못했던 것 같다. 어머니는 당신의 병에 대해서 자세히 알아야만 했다. 생각했던 것보다 상황이 안 좋다는 사실을 정확하게 전해 들어야 했다. 그 사실을 알고 나서 그것을 어떻게 받아들일지는 어머니의 과제였다. 그것이 나나 아버지의 과제는 아니었기 때문이었다.

결국 어머니는 점차 침대에서 거의 움직일 수 없게 됐다. 그때 어머니는 돌연 옛날에 배우던 독일어를 다시 공부하고 싶다고 말했다. 독일어 공부를 처음부터 다시 시작하고 싶다는 거였다. 그래서 나는 어머니께 알파벳부터 다시 가르쳐드렸다. 시간이 지날수록 어머니의 의식이 가물거려 공부를 끈기 있게 이어갈 수 없게 되어버렸다. 그러자 어머니는 이번에는 전부터 읽고 싶었지만 이런저런 이유로 읽지 못했던 책을 읽어보고 싶다고 말했다. 나는 어머니의 머리맡에서 도스토옙스키의 『카라마조프 가의 형제들』을 읽어드렸다.

이윽고 어머니는 완전히 의식을 잃게 됐다. 그때는 내가 어머니의 곁을 지키고 있어도 해드릴 수 있는 일이 아무것도 없었다. 그때 이런 생각이 들었다.

'대체 인간의 행복이란 무엇인가? 이토록 꿈쩍도 못 하고 하물며 완전히 의식을 잃게 된다면 인간은 어떻게 살아있다는 의미를 찾을 수 있을까?'

나는 매일 어머니의 머리맡에 앉아서 그런 생각을 했다. 몸을 움직일 수 없고 의식도 없는 상황에서 돈이나 명예를 얻는다는 것은 정말 아무짝에도 쓸모가 없는 것일 수밖에 없다. 그것들은 인생에 그 어떤 의미도 가져다주지 못한다. 어머니는 지금 의식조차 없다. 그렇기에 건강이라는 것도 어머니의 인생에 있어서 아무런 의미가 없다. 그러다 어머니는 돌아가셨다. 어머니의 죽음을 겪고 비로소 깨달았다. 인생을 살아가는 의미나 행복에 있어서 외적인 조건은 아무런 의미를 갖지 못한다는 것을 말이다.

나는 연구자로서의 인생을 선택한 이후로 돈 버는 일은 애초에 포기했다. 그러나 명예는 갖고 싶었다. 어머니가 쓰러져서 돌아가시기 전까지만 해도 내게 '명예를 얻는 것'은 매우 중요했다. 하지만 그런 명예조차도 내가 어머니와 같은 처지에 놓이게 된다면 아무런 의미가 없다는 것을 깨달았다. 나는 스스로 인생의 의미를 발견해야만 했다. 나는 어머니가 세상을 떠나고, 간병으로 몇 개월간 대학에 다니지 못하는 동안 인생의 의미에 대해 심각하게 고민했다. 그리고 얼마 후 나는 다시 등교를 시작했다. 물론 그때는 이미 그 이전의 내가 아니었다.

누군가에게
미움을 받는다는 것

용기 부여에 대해서 강의를 하면서 나는 많은 사람들을 만나게 됐다. 그런데 강의를 하며 만난 사람들 중 상당수가 너무도 남의 시선에 신경을 쓰며 살아가고 있었다.

'혹시 저 사람이 나를 이상하게 생각하지 않을까?'

'이렇게 말하면 저 사람이 나를 미워하게 되지는 않을까?'

늘 그런 걱정을 달고 살고 있었다. 하지만 분명한 것은 다른 사람이 나에 대해 어떻게 생각하는지는 우리가 살아가는 데 반드시 필요한 것이 아니라는 점이다.

오히려 우리가 행복한 삶을 살아가는 데 방해가 된다. 다른 사람이 어떻게 생각하는지를 늘 신경 쓰고 살다보면 우리는 자유롭지 못한 삶을 강요받게 되기 때문이다. 끊임없이 다른 사람의 눈치를 보고 다른 사람의 비위를 맞추며 살아야 하기 때문이다.

물론 남을 전혀 생각하지 않아도 좋다는 의미는 아니다. 하지만 늘 남이 어떻게 생각하는지 신경 쓰고 미움받지 않고 사랑해주길 바라기만 하며 사는 것은 불행한 삶이다. 애써 노력한 결과, 모두의 사랑을 받을 수 있을지도 모르겠다. 그러나 그건 모든 사람들 앞에서 스스로 늘 좋은 사람을 연기하는 것이나 다름없다. 그럴 경우 우리는 스스로가 인생의 방향성을 정하지 못하고 이리저리 흔들리게 된다.

그런 사람은 한마디로 자유롭지 못한 삶을 살고 있는 것이다. 적이 한 명도 없다는 것은 그다지 바람직한 상황이 아니다. 적이 없다는 것은 다른 말로 끊임없이 다른 사람에게 자신의 인생을 맞추고 있다는 것에 다름 아니다. 결국 자유롭지 못한 삶을 살 수밖에 없는 것이다.

무슨 일을 하건 처음부터 남들이 자신을 어떻게 생각하는가에 대해서는 개의치 않는 사람이 있다. 그런 마음 자세가 필요하다. 원래 열 명이 있다면 그중에는 내가 무엇을 해도 나를 싫어할 사람이 한 명은 끼어 있다. 반면 열 명 중에서 최소한 두 명은 내가 무엇을 하든 나를 이해하고 좋아해준다.

우리가 좋은 관계를 가져가고 싶은 사람은 이 두 사람이다. 나머지 일곱 명은 그때그때 태도가 달라진다. 그 사람들의 입맛을 일일이 맞추는 것은 불가능하다는 얘기다. 나를 싫어하는 한 명은 내가 뭘 해도 나를 싫어한다. 그러니 그가 나를 긍정적으로 생각하도록 만들기 위해 끙끙거리며 애쓸 필요가 없는 것이다.

업무상의 관계는 더더욱 그렇다. 업무상의 대인관계를 교우관계로 보는 사람이 많다. 그리고 그 업무상의 관계 문제로 많은 사람들이 마음을 다친다. 하지만 그럴 필요가 없다. 옛날에는 한 직장에서 평생을 얼굴 맞대며 근무하는 업무상의 인간관계들이 많았다. 하지만 앞으로는 더더욱 한 직장에서 오래 근무하지 않는 문화가 정착될 것이다. 그러니 업무상의 관계 방식 역시 달라져야 한다. 교우관계처럼 여기고 그로 인해 스트레스를 받을 필요가 없는 것이다. 일터에서 만나는 사람은 친구로서 관계할 필요가 없다고까지 말하는 것은 아니지만, 분명히 업무상의 인간관계와 교우관계를 구별하는 것은 유용하다. 어쨌든 업무상의 관계에서 역시 남의 눈치를 보거나 다른 사람의 비위를 맞추려는 태도는 불필요하다.

이렇게 생각해보자. 우리가 누군가에게 미움받아도 상관

없다고 생각하며 살아간다는 것은, 우리가 우리 자신의 방식에 따라 자유롭게 살고 있다는 증거다. 어쩌면 누군가에게 미움을 받는다는 것은 세상에서 내 뜻대로 자유롭게 살아가기 위해 지불해야만 하는 대가일 것이다.

모든 사람들로부터 사랑받는 사람이 될 것인가? 아니면, 미움받는 사람이 될 것인가? 만일 둘 중 하나를 선택하라면 나는 단연코 후자를 선택할 것이다. 비록 나를 미워하는 사람이 있어도 자유롭게 살고 싶기 때문이다. 그래서 당부한다. 모든 사람에게 사랑받는 사람이 되지 말 것을.

시도조차
하지 않는 이유

이처럼 다른 사람들이 나를 어떻게 생각하는지 신경을 쓰다 보면 정작 내게 중요한 무언가를 위해 행동해야 할 때를 종종 놓치게 된다. 나는 분명히 어떤 일이 좋다는 생각을 하게 되고 해야 한다는 판단이 들지만, 자꾸 머뭇거리게 된다. 내가 이런 행동을 하게 되면 다른 사람은 나를 어떻게 볼까, 부모님이 싫어하지 않을까, 친구가 놀리지 않을까, 이웃들이 어리석다고 비웃지 않을까, 이런 생각들이 꼬리를 물게 되기 때문이다.

하지만 내가 좋다고 판단하고 행한 행위에 대하여 다른 사람이 싫어하거나 좋아하는 그 판단은 그 사람의 과제일 뿐이다. 나와는 상관이 없는 것이다. 그러니 내가 다른 사람의 생각에 사로잡힐 필요가 없다. 나의 주관과 판단대로 행동하면 된다.

나는 대학에서 그리스어를 가르치고 있는데, 배우는 학생 수는 그리 많지 않다. 어떤 해에는 다섯 명 정도가 배우고 적을 때에는 한 명뿐인 경우도 있다. 그렇지만 내 그리스어 수업을 듣는 학생들은 대부분 실력이 좋았다. 기원전 5세기의 언어에 관심을 가지고 찾아오는 학생들이었기에 공부를 좋아하고 잘하는 학생들이었을 것이다.

그런데 때때로 내 그리스어 수업을 듣는 학생 중에는 주눅이 들어버리는 학생도 있다. 대부분의 학생들이 지금까지 살아오면서 우수하다는 평가를 받아왔을 터인데, 나의 그리스어 수업에서 처음으로 '읽을 수 없다'는 상황을 경험했기 때문일 것이다.

어느 날이었다. 나는 한 학생에게 그리스어를 일본어로 번역하라고 했다. 학생은 아무런 대답도 하지 않았다. 나는 그에게 물었다.

"자네는 왜 한 마디도 대답을 하지 못하는가? 대답하는 시도조차도 하지 않았다는 것을 자네 자신은 알고 있나?"

그러자 학생이 대답했다.

"만일 제가 실제로 틀린 답을 말하면 선생님은 저를 무능한 학생이라고 생각하실 것 아닙니까. 하지만 저는 그런 학생으로 보이고 싶지 않아요. 그냥 이 문제만 풀지 못하는 학생이라고 선생님께서 생각해주시길 바랐습니다. 그래서 대답하지 않았어요."

그 학생은 자신이 유능한 학생일 수 있는 가능성을 남겨두고 싶었던 것이다. 사람들이 실패를 두려워하는 이유는 그 가능성을 남겨두고 싶어 하기 때문이다. 성공을 확신할 수 없으면 아예 도전조차 하지 않으려 하는 것이다. 주로 남의 시선을 신경 쓰는 사람들이 가능성을 남겨두고 싶어 한다. 칭찬만 받고 자란 모범생들이 남다른 모험을 못 하는 이유다.

'사실 내가 마음을 제대로 먹고 하면 잘할 수 있어. 지금 너무 바빠서 못할 뿐이야.'

이렇게 스스로에게 여지를 남겨두는 것이다. 그 학생도 마찬가지였다.

나는 그 학생에게 이렇게 말해주었다.

"그렇게 생각할 필요는 없네. 그리스어는 쉬운 언어가 아니지. 모르는 게 있는 것이 오히려 당연한 일일세. 실수를 두려워하지 말게. 자네가 내 질문에 대답을 하지 않으면 나는 자네가 어느 부분을 이해하지 못했는지 전혀 알 수 없지 않겠는가. 게다가 나는 내 교수법에 문제는 없는지를 점검할 수도 없게 된다네. 틀려도 좋으니 대답하려고 시도해보게. 알겠나?"

그 학생은 다음 시간부터는 훨씬 적극적으로 대답하게 되었다. 공부하려 하지 않는 아이에게 "너는 하려고만 들면 얼마든지 잘할 수 있다."라고 말하는 것은 금물이다. 그러면 그 아이는 결코 공부하려 하지 않는다. 그런 아이는 '하면 잘할 수 있다'는 가능성을 남겨두고 싶어 하기 때문이다. 실제로는 두렵기 때문이다. 열심히 공부를 했는데 좋은 성적을 얻지 못하는 현실과 직면하게 되는 것이 너무 두려운 것이다. 그래서 대신 노는 쪽을 택한다.

다른 사람의 시선을 신경 쓰며 어떤 일에 대해 '가능성'이라는 여지를 남겨두려 하지 마라. 평생 그 일을 유보하게 될 것이다.

나는 타인의 기대를 충족시키기 위해 살고 있는 게 아니다

우리는 지금까지 '자신만 생각해서는 안 된다, 타인도 생각해야만 한다', 이런 식으로 배워왔다. 그리고 그렇게 생각하는 데 익숙하다. 하지만 그렇게 생각하는 것이 우리를 힘들게 한다. 자유롭지 못하게 하기 때문이다.

어떤 사람이 입원한 친구의 문병을 가는 문제로 내게 상의를 해온 적이 있다. 친구의 문병을 가고 싶은데 망설여진다는 거였다. 친구는 암 말기라는 진단을 받았다. 그런데 그 친구의 가족들이 본인에게는 암이라는 사실을 알리지 않았던 것이다. 내게 의논해온 그 사람은 혹시 자신이 문병을 갔다가 그 친구가 자신의 심각한 표정을 보고 병세가 심각하다는 것을 눈치채면 어떻게 할까, 하는 걱정이 든다는 거였다.

나는 그 사람에게 이렇게 말해주었다.

"당신이 가고 싶으면 가세요. 혹시 친구가 당신에게 싫은 내색을 한다면 그냥 돌아오면 됩니다. 그뿐이에요. 가서 친구에게 말하세요. '네가 입원했다는 소식을 듣자마자 달려왔다.'고요. 그러면 됩니다. 그런 당신을 친구가 어떻게 생각하느냐는 당신의 과제가 아닙니다. 그건 친구의 과제일 뿐이에요. 당신이 너무 신경 쓸 것 없어요."

분명 그 말대로다. 입원했다는 말을 듣고 병문안을 간다는 것은 친구를 위하는 행위이기 이전에 자기 본위적인 행동이라 말할 수 있다. 물론 결과적으로 병문안을 가서 상대가 기뻐한다면 그건 친구에게 공헌하는 일이 된다. 만일 당신이 방문했을 때 상대가 싫어하는 기색을 보이면 즉시 돌아오면 된다. 그렇게 인간관계는 '심플'한 것이고, '심플'하게 생각해야 한다.

기억하자. 우리가 타인의 미움을 받으며 살아가서는 안 될 이유는 없다. 오히려 누군가 당신을 위해서라며 당신을 신경 쓰는 사람이 있다면 살짝 의심해볼 필요가 있다. 자신이 정말 원하는 일을 하기 위해서는 누군가에게 미움을 받을 수밖에 없다고 생각하자.

제는 존재하지 않는 유리병 안에 스스로의 몸을 가두고 있는 겁니다. 한심해 보일 겁니다. 하지만 우리의 삶을 보면 간혹 우리도 이 벼룩과 같다고 느껴지지 않나요?"

나는 거피라는 열대어를 키우고 있다. 그런데 갓 태어나 세상 밖으로 나온 거피 새끼는 수조 안에서도 지극히 한정된 곳만을 헤엄쳐 다닌다. 거피 새끼들이 살고 있는 수조는 꽤 넓다. 하지만 거피 새끼들은 그 사실을 알지 못하는 듯 여전히 한쪽에만 몰려 있었다. 나는 고개를 갸웃거리며 그런 거피 새끼들을 보곤 했는데, 어느 날 거피 새끼들이 늘 헤엄쳐 다니던 곳을 벗어나기 시작했다. 다른 몸집 큰 물고기들의 먹잇감이 될 수 있는 위험에서 스스로를 지킬 수 있을 만큼 몸피가 커진 거피가 어느 날 스스로 세계의 끝이라 여기던 범위를 넘어서는 모습은 감동적이었다. 나는 그걸 보고 나도 모르게 뜨거운 박수를 보냈다.

『갈매기 조나단』을 쓴 리처드 바크는 "당신은 행복한가요? 지금 이 순간, 진심으로 하고 싶은 일을 하고 있나요?"라고 묻는다. 사람은 누구라 할 것 없이 제 마음대로 살아가도 좋다. 자기가 하고 싶은 일을 하며, 진심으로 원하는 일을 하며 살아가는 것이 온당하다. 하지만 대부분은 그렇지 않다. 제각각 머릿속에 거피 새끼들처럼 어떤 범위나 제한을 그려놓

지금 하고 싶은 일을
하고 있는가

어떤 사람이 이런 말을 했다.

"자유롭게 튀어오르는 벼룩이 한 마리 있었습니다. 그 벼룩을 유리병에 가두면 어떻게 될까요? 아마도 □럼 높이 튀어오르지 못할 겁니다. 유리병의 높이만큼□ 오를 수 있겠지요. 오랜 시간 유리병에 갇힌 벼룩은 □ 높이만큼만 튀어오르는 데 익숙해집니다.

그러다 벼룩을 유리병 밖으로 풀어놓으면 어떤 일이 □ 질까요? 벼룩은 유리병에 갇히기 전처럼 자유롭게 높□ 어오를 수 있을까요? 그렇지 않습니다. 유리병에 갇혀 □ 때처럼 유리병의 높이만큼만 튀어오를 뿐입니다. 벼룩은고 그 범위나 제한을 벗어나지 않으려 한다. 그 대신 스스로를 설득한다. '모두가 자기 좋을 대로 마음대로 살기 시작하면 혼란스러워질 거야. 한 사람 한 사람 자유로워야 하지만 그래도 필요하다면 나를 억제하고 다른 사람의 뜻에 맞춰야지.' 이렇게 마음먹는다. '부모님을 행복하게 해드려야 해. 친구들에게 인정받아야지. 내 아내를 실망시킬 수 없어. 우리 아이들이 날 원망하지 않을까?' 이렇게 스스로를 설득하며 가상에 지나지 않은 '유리병' 안에 자신을 가둔다. 하지만 인생은 그렇지 않다. 우리는 우리 인생의 주인공으로 자유롭게 살아가야 한다. 그 과정에서 자신의 자유에 대한 '책임'만 지면 된다.

아들러 심리학에서는 완전한 자유는 존재하지 않는다고 본다. 자유에는 반드시 '책임'이 뒤따르기 때문이다.

나의 어느 제자가 고등학생일 때 아버지와 이야기를 나누게 됐다고 한다. 그 여성의 아버지는 딸의 진로에 대해서 몹시 걱정하면서, 딸에게 어느 대학이 좋다, 이 대학은 형편없다 등등을 이야기하며 잔소리와 설교를 끊임없이 늘어놓았다고 한다. 그 제자는 어느 날 도저히 아버지의 간섭을 참을 수가 없어서, 평소 그랬던 것처럼 부모의 폭풍 설교가 지나가기를 꾹 참고 듣고 있다가 아버지께 참았던 한 마디를 전했다는 것이었다.

"그래서 무슨 말을 했나요?"

내가 물으니 이렇게 대답했다고 한다.

"제 인생이니 제가 결정하고 싶어요. 만일 제가 아버지의 의견을 따라 이 대학에 가고 4년 뒤에 '이 대학에 다니는 게 아니었다'며 후회하게 된다면 어떤 일이 벌어질까요? 아마 저는 아버지를 평생 원망하게 될지도 몰라요. 그래도 좋으세요?"

그 말을 들은 아버지는 아무 말도 할 수 없었고 덕분에 그녀는 자신이 희망하는 대학에 진학할 수 있었다고 한다. 물론 대신 그녀는 자신이 희망하는 대학에 진학하게 됨으로써 겪게 될 일에 대해서는 '책임'을 짊어져야 한다. 그게 자유로운 것이다. 자유롭게 자기의 인생을 산다는 것은 그것에 동반하는 책임까지 짊어진다는 것이기도 하다. 그녀는 스스로 진로를 선택했기에, 그로 인한 결말을 스스로 끌어안아야 하는 것이다. 그런 인생을 사는 사람에게 '나는 정말 다른 대학에 가고 싶었는데, 부모가 반대해서 가지 못했다'는 말은 성립이 되지 않는 것이다.

비둘기는 아무것도 없는 진공 속을 나는 게 아니다. 비둘기가 날 수 있는 것은 방해하는 것처럼 보이는 공기가 사실 비둘기를 날 수 있도록 떠받들고 있기 때문이다. 마찬가지로 아무런 저항이 없는 곳에 자유는 없다. 저항이 있기에 자유가 존재한다.

우리가 인생에서 주변의 아무도 반대하지 않고 주위의 모든 사람이 자신이 하려는 일에 대하여 두 손 들어 찬성하는 상황은 오히려 드물다. 나는 이렇게 살고 싶은데 그것을 부모가 반대한다면, 그게 저항이다. 그 부모의 반대는 자신이 자유롭게 살아가기 위해 받아들여야만 하는 책임이라 할 수 있다.

하고 싶은 일을 하고 싶은가? 자신이 생각한 대로 살아가고 싶은가? 그렇다면 그렇게 살아라. 대신 그렇게 살게 됨으로써 겪게 되는 일들을 감내해 나가면 된다. 주변 사람들이 찬성해준다면 고맙겠지만 그렇지 않은 경우가 훨씬 더 많다.

주위 사람들이 자신의 선택을 용인해줄 경우에만 자기가 원하는 대로 살겠다는 선택지는 단언컨대 없다고 보는 것이 낫다. 실제로 그런 경우는 거의 없기 때문이다.

인생의 거짓말

자신의 생각을 밀어붙이거나 자신의 권리를 주장한다면 그 것에 동반한 책임을 받아들일 각오가 필요하다. 자신의 권리 를 끝까지 주장하고 그 결과 일어나는 모든 일을 자신의 행위 가 낳은 결과로서 인정해야 할 책임이 있다. 그러려면 용기 가 필요하다. 자신을 미워하는 사람의 등장도 받아들여야만 하고, 위험을 끌어안을 용기도 필요하다.

　어느 날 지하철을 타고 가다 갑자기 배가 아파 가까운 역에 황급히 내린 적이 있었다. 배탈이 났기 때문이었는데, 다행히 화장실에 뛰어들어 급한 불은 끌 수 있었다. 그런데 잠시 후 곤란한 일이 벌어지고 말았다. 바깥에서 여자들 여러 명의 목소리가 들려왔던 것이다. 그녀들은 담배를 피우며 상사들의 험담을 늘어놓기 시작했다.

나로서는 난감해졌다. 너무 급해서 여자 화장실로 잘못 들어온 모양인데, 도무지 나갈 용기가 없었다. 이대로라면 제시간에 약속 장소에 가지 못하게 될 것 같았다. 그런데 그때 어떤 할아버지의 목소리가 들려왔다.

"여기서 뭐 하는 거예요? 당신들이 여기에 모여 있어서 깜짝 놀랐잖아요. 여자 화장실인 줄 알았네. 여긴 남녀 공용이에요. 볼일이 끝났으면 비켜줘야지요."

내가 있던 화장실은 사실 남녀 공용 화장실이었던 것이다. 그녀들은 황급히 미안하다고 말하고는 밖으로 나갔다. 그리고 그제야 나는 겨우 화장실에서 나올 수 있었다. 그때 그 할아버지와 내가 동시에 세면대에 있는 우산을 발견했다. 아마 급하게 나간 여자들이 깜박 잊고 두고 간 것 같았다.

"이거 저 여자들 우산이지. 당신이 따라가 우산을 건네게."

할아버지가 내게 말했다.

"죄송합니다. 저는 저분들의 얼굴도 못 봐서요. 게다가 지금 따라가도 너무 늦은 것 같고요."

내가 이렇게 대답하자 할아버지는 우산을 챙겨 들고 말했다.

"아, 그렇군. 그럼 내가 가져다주지."

그러고는 엄청난 속도로 달리기 시작했다. 밖을 내다보니 할아버지는 어느새 여자들 일행을 따라잡고 있었다.

"이봐, 우산 잊었어!"

나는 그때 그 할아버지에게서 '용기'를 봤다. 어떤 일을 선택했든 그 일로 인한 결과를 스스로 책임지려는 용기를 말이다. 그리고 그때는 내게 그런 용기가 없었다. 여자 화장실인 줄 모르고 들어왔으면 나가면서 정중하게 사과하면 될 일이었다. 하지만 그럴 용기가 없었다. 또 여자들 일행에게 얼마든지 우산을 가져다줄 수 있었지만, 나는 핑계를 대고 지금의 내게 주어진 과제, 즉 우산을 가져다주는 과제로부터 도망치려고 했던 것이다.

책임이라는 말을 영어로는 responsibility라고 한다. 이 말에는 '응답하는 능력'이라는 뜻이 있다. 우산을 가져다주어야 한다는 과제를 듣게 되었을 때, 핑계를 대며 그 과제에서 도망치는 것이 아니라 "네, 저는 여기에 있습니다. 제가 해야 할 일을 하겠습니다."라고 대답하는 것이 바로 책임을 다하는 것이다. 우산을 가져다주는 것은 별일 아닐 수도 있다. 하지만 우리 인생에서도 똑같은 이치가 적용된다. 자신의 인생을 살며 부여받는 과제는 반드시 자신의 힘으로 해결해야 하기 때문이다.

성서를 보면 아브라함은 신의 부름을 받으면 반드시 "네, 저는 여기에 있습니다."라고 대답한다. 아들 이삭을 번제의 제물로 바치라는 하나님의 명령을 들었을 때도 어떤 주저함이 없었다. 아브라함은 즉시 손을 뻗어 칼을 집어 아들을 내리치려 했다. 천사가 끼어들어 "그 아들에게 손을 대지 말라."고 말리지 않았더라면, 아들을 죽일 수도 있었을 만큼 긴박한 순간이었다. 그토록 아브라함은 신에게 부여받은 과제에 대해 자신의 힘으로 해결하려 나섰다.

그러나 모든 사람이 신의 부름 앞에서, 또는 인생의 과제 앞에서 주저함이 없을 수는 없다. 하나님이 모세에게 사람들을 데리고 이집트에서 탈출하라고 명령했을 때, 모세는 주저했다.

"나 같은 자가 어찌 사람들을 이끌고 이집트에서 도망칠 수 있겠습니까."

위대한 예언자인 모세조차 그렇게 자신의 과제 앞에서 머뭇거렸다.

하물며 평범한 우리들은 어떨까. 인생의 과제 앞에서 우리들은 대부분 그 과제로부터 도망치고 싶어 한다. 두렵기 때문이다. 우리의 '체면'이나 '자존심'에 상처를 입을까봐 두려워 인생의 부름에 응답하지 않으려 한다. 혹은 응답하더라도

'만일 ~이라면'이라는 조건을 붙여 과제에서 도망치려고 하기 일쑤다. 이처럼 인생의 과제로부터 도망치기 위해 우리가 늘어놓는 구실들을 아들러는 '인생의 거짓말'이라 부르며 일축한다. 인생의 과제에는 용기를 내어 자신의 힘으로 해결하려 나서야 한다. 그렇게 나서지 않고 뒤로 물러서며 내어놓는 모든 구실들은 '인생의 거짓말'에 지나지 않는 것이다.

타인은 나의 기대를 채우기 위해
살고 있는 것이 아니다

이렇듯 우리 자신은 타인의 기대를 채우기 위해서 살아가는 것이 아니다. 스스로 인생에서 주어지는 과제들을 해결하며 살아가는 것이다. 그것은 의무이자 권리이다. 그런데 내가 타인의 기대를 채우기 위해 살아가는 것이 아니라면, 다른 사람들도 마찬가지다. 그들에게도 나와 동일한 권리를 인정하지 않으면 안 된다. 다른 사람들은 나의 기대를 충족시키기 위해 사는 것이 아니다.

만약 어떤 사람의 행동이 우리에게 실질적인 폐를 끼친다면 일정한 절차를 밟아서 그에게 개선을 요구할 권리는 있다. 이처럼 타인이나 공동체에게 실질적인 폐를 끼치는 행위를 부적절한 행위라 한다. 부적절한 행위는 개선을 요구해서 고치는 것이 맞다.

반면, 공동체에 폐를 끼치지 않는 행위이지만 적절한 행위라 할 수 없는 경우가 있다. 가령, 어떤 학생이 있는데 공부를 한 글자도 하지 않는 행위가 그런 경우다. 사실 학생이 공부하지 않을 경우, 곤란을 겪는 것은 학생 자신뿐이다. 다른 사람에게 실질적인 폐를 끼치지는 않는다. 부적절한 행위는 아니라는 말이다. 그렇다고 학생이 공부를 하지 않는 것을 적절한 행동이라고 할 수는 없다. 아들러 심리학에서는 이런 행위를 '중성 행동'이라 한다.

문제는 이 같은 중성 행동에 대해 부모나 교사가 '문제 행동'이라는 딱지를 붙이고 만다는 점이다. 공부하지 않는 것이나 물건을 잃어버리는 것, 머리를 염색하고 다니는 것을 문제 행동이라고 간주한다. 부적절한 행동이라 생각하고 학생에게 개선을 요구한다는 얘기다. 물론 부적절한 행동에 대해서는 개선을 요구할 권리가 부모와 교사에게 있다. 하지만 '중성 행동'에 대해서는 본인의 의지를 존중해야 한다. 학생이 특별히 부탁을 해온 것이 아니라면 그들 중 누구도 개입할 권리가 없다.

나는 한때 간호 학교에서 철학을 가르쳤던 적이 있다. 근데 그때 종종 간호 학교 학생의 머리 염색이 문제가 되곤 했다. 다른 선생님들은 염색한 간호사 후보생들을 보면 언제나 '간호사답지 않다'며 꾸짖곤 했던 것이다. 그러나 이 같은 가치관은 시대에 따라, 문화에 따라, 또 개인에 따라 달라진다. 이 경우 어느 쪽이 옳은지, 옳지 않은지는 다분히 상대적이다. 아들러 심리학의 입장에서 보면 머리를 염색한 간호사를 꾸짖는 건 지나친 행동이다. 머리 염색이 환자에게 실질적으로 폐를 끼치는 일은 없기 때문이다. 남에게 피해를 끼치지 않는 중성 행동에 대해서 우리는 너그러워야 한다. 다른 사람이 자신과는 다른 시점이나 사고방식을 가지고 있다는 것 하나만으로 그들을 질책하고 비난해서는 곤란하다.

다른 사람의 행동, 혹은 살아가는 방식이 자신의 마음에 맞지 않아도 너그러워야 한다. '다름'을 받아들여야 한다. 그것은 그 사람의 과제이기 때문이다. 다른 사람의 과제는 우리가 공동의 과제로 삼기 위한 절차를 밟기 전에는 개입해서는 안 된다. 대인관계의 문제 가운데서 상당수는 우리가 상대의 과제에 대해 허가 없이 간섭해 들어가기 때문에 일어나는 경우가 많다.

홀로 선다는 것

마찬가지로 입장을 바꿔 생각해보면, 다른 사람은 내 인생에 개입해 들어오지 않는다고도 생각해볼 수 있다. 만약 나 자신이 살아가면서 남들에게 피해를 주지 않는다면 타인이 내 인생을 좌지우지할 일은 없는 것이다. 옛날 전통적인 사회에서는 내가 남에게 실질적으로 피해를 끼치지 않았더라도 심리적으로 폐를 끼치면 개입을 받았다. 가령, 혼기를 넘긴 처녀 총각에게는 부모님뿐만 아니라 동네 어른들부터 일가친척들 모두가 마주칠 때마다 왜 결혼을 안 하느냐고 채근을 했다. 하지만 이런 식의 개입도 점점 사라져 가고 있다. 이제는 타인이 내 인생에 관여할 일이 극히 적다. 모든 것을 자신의 책임으로 삼고 살아가야 한다.

하지만 여기서 자신의 책임으로 살아간다는 말은 자신의 힘만으로 모든 문제를 해결하며 살아가는 것을 뜻하지는 않는다. 그건 불가능하다. 크리스텐센은 다른 사람과 다르게 살아가려고 너무 애쓰지 말라는 스승 드레이커스의 조언을 들은 뒤에 이렇게 말했다.

"막내처럼 사람들에게 의지하며 살아가겠다고 다짐했다."

이때 크리스텐센이 사람들을 의지하며 살겠다고 말한 것은 '의존하겠다'는 뜻이 아니다. 필요한 경우 도움을 요청하겠다는 뜻이다. 우리는 흔히 자립이라고 하면 무엇이든 혼자서 해내는 것이라고 생각하기 쉽다. 하지만 자립의 진정한 뜻은 그게 아니다. 자립이란 내가 스스로 할 수 있는 일은 자신의 힘으로 해결하고, 만약 자신의 힘으로 해결할 수 없는 문제와 마주하게 되는 경우, 다른 사람에게 도움을 요청해 해결해나간다는 뜻이다.

알아차림과 배려의 세계에서
벗어나라

다른 사람에게 도움을 받으려면 요청해야 한다. 자신이 아무 말도 하지 않고 입을 다물고 있으면 다른 사람의 도움을 받을 수 없다. 또한 다른 사람에게 도움을 청하면 도움을 받을 지도 모르지만, 그것은 어디까지나 그 사람의 선의에 달린 것이지 의무는 아니다. 그렇기에 우리는 다른 사람이 나의 마음을 미리 알아주고 배려해주기를 기대해서는 안 된다. 아무 말도 하지 않는 한 자신의 생각은 타인에게 전해질 수 없다. 잠자코 있으면 아무도 협력해주지 않는다. 만약 다른 사람의 협력이 필요하다면 분명한 언어로 그 뜻을 올바르게 전해야 한다.

주장하고 싶은 것이 있으면 솔직하게 주장하면 된다. 사실 우리 사회에서는 솔직하게 단도직입적으로 주장하는 것이 꺼려지기는 한다. 자기주장을 분명하게 말하는 것이 건방지다고 생각하는 경향이 있기 때문이다. 또 말하기 전에 타인의 마음을 먼저 헤아려주는 것을 센스 있다고 생각하고 있기 때문이다. 그래서 주장하지 않는 것을 미덕이라고 생각하기도 한다. 주장하지 않아도 알아주는 게 당연하다고 생각하거나, 부탁하지 않아도 무언가를 해주길 바라는지 알아야만 한다고 생각하는 사람이 있다. 그 사람들은 그런 걸 '배려'라고 말한다.

그래서 우리는 말로 주장을 내세우는 대신 태도와 행동, 분위기를 통해 자기주장을 내보인다. 화가 났다는 표시를 하기 위해 보란 듯이 큰소리를 내며 문을 닫는다. 불만을 드러내기 위해 평소와는 달리 말을 한 마디도 하지 않기도 한다. 내 주장을 들어달라는 의미로 눈물을 보여서 주위 사람들의 마음을 떠보기도 한다.

또 조금 복잡한 경우도 있다. 에둘러 말함으로써 상대에게 자신의 주장을 전달하거나 상대의 주장을 거절하는 것이다. 가령 "오늘은 덥군요."라는 말은 그저 덥다는 상황을 이야기하는 것만은 아니다. 사람에 따라서는 "지금 무척 더우니 에 어컨을 켜주셨으면 좋겠습니다."라는 부탁의 의미이기도 하다. 우리 사회에서는 이렇게 간접적으로 말하는 것을 겸손하다고 여겨 좋게 생각하는 사람도 많다.

문제는 이처럼 말로 자신의 주장을 전달하는 것이 아니라 행동, 태도, 분위기를 통해 자신의 의도를 이해시키려 할 경우에 나타난다. 다른 사람이 자신의 의도를 이해하지 못하거나 알아듣지 못하는 상황이 벌어지기 때문이다. 그런 경우 종국에 사람들은 공격적이 되어 화를 내며 주장을 관철시키려 한다. 그렇지 않은 경우에는 참고 주장을 물리지만 속마음으로는 앙심을 품거나 복수하려고 한다.

그래서 아이다 유우지는 알아차림과 배려의 세계는 순조롭게 이뤄지면 최상의 세계가 되지만 그 톱니바퀴가 조금만 어긋나면 수습하기 어려운 증오와 비딱한 세계를 만들고 만다고 지적했다. 그러면서 그는 '알아차림'이라는 팬터마임으로 유지되는 가정생활을 예로 들었다. 예를 들자면 이렇다.

어느 초여름 저녁, 시어머니가 외출에서 돌아온다. 그러자 그 집의 며느리는 어린 애를 등에 업고 돌보면서 식사 준비를 시작한다. 식사 준비를 하면서 며느리는 이렇게 생각한다.

'어머님께서 꽤 피곤하신 것 같네. 오늘 저녁 식사는 좀 번거로워서 어머님께서 아이를 좀 돌봐주시면 좋겠는데……

그래도 한 3,40분 정도 쉬시게 하자.'

한편 방에 들어간 시어머니는 이렇게 생각한다.

'며느리가 좀 도와주길 바라는 표정이네. 너무 다리가 아프니 잠시 누웠다가 일어나서 아이를 봐주면 되겠다.'

그렇게 생각하고 시어머니는 누워서 휴식을 취한다. 며느리는 조용히 시어머니가 누워 있는 방에 들어와서 살며시 이불을 덮어주고 밖으로 나간다. 배려이기도 하지만, 동시에 일종의 요청이기도 하다. 시어머니는 잠시 뒤 자리에서 일어나 며느리가 덮어준 이불을 보고 더 도와줘야겠다고 생각한다. 그러고는 잠자코 아이들을 데리고 공원으로 나간다.

며느리는 그 덕분에 몰두해서 가족의 식사 준비를 한다. 얼마간의 시간이 지난다. 그런 뒤, 남편과 시어머니와 아이는 식사 준비가 끝나길 기다렸다는 듯이 적절한 시간에 집으로 돌아온다.

이런 배려와 알아차림이 이루어지는 가정에서는 다른 말이 필요가 없다. 그냥 "애야, 나 다녀왔다." "네, 어머님. 다녀오셨어요?"의 인사말이면 충분하다.

그러나 이것은 일이 정말 순조롭게 이뤄지는 경우다. 실제로 대부분의 경우에는 삐걱거리는 일이 다반사다. 시어머니가 아이를 봐줬으면 하는 며느리는 집에 돌아오자마자 방에 드러눕는 시어머니를 못마땅해 하는 경우가 많다. 그래서 일부러 소리를 크게 내며 부엌일을 한다. 접시 덜그럭거리는 소리에는 누가 들어도 불만이 잔뜩 섞여 있다. 방에 누운 시어머니의 속도 부글거리기 시작한다. 좀 쉬었다가 도와주려 했는데, 며느리가 괘씸해져서는 절대 도와주지 않겠다고 생각한다. 알아차림과 배려는 이처럼 순조롭지 않을 때가 많다. 그리고 그런 경우 위험도 매우 크다. 불화가 생길 소지도 너무나 많다.

배려하는 것도 종적관계의 산물이다. 마치 상대가 부탁을 하지도 않았는데 끼어들며 참견하는 것과 마찬가지다. 상대를 스스로는 아무것도 못 할 뿐만 아니라 부탁조차 못 하는 사람으로 보는 것이다. 내려다보는 것이나 다름없다.

대학을 정년 퇴임한 어느 교수의 이야기를 예로 들어보자. 일본에서는 대학교수가 정년 퇴임을 하게 되면 제자들이 기념 강연회나 파티를 열어주는 것이 관례다. 정년 퇴임을 하게 된 그 교수에게도 조수가 와서 물었다.

"선생님, 이번에 퇴임하실 때 저희 제자들이 퇴임 기념 강연회와 파티를 열고 싶은데, 언제가 좋으세요?"

그 질문에 교수가 대답했다.

"그럴 필요 없네. 그냥 조용히 퇴임하겠네."

이렇게 말하며 조교에게 정중히 거절했다. 보통 이렇게 말하는 경우, 일본에서는 대부분 조교들이 다시 한 번 교수에게 간청하고는 한다.

"선생님, 그런 말씀 마시고 꼭 열게 해주세요."

그러면 교수도 "뭐, 자네들이 그렇게까지 말한다면 어쩔 수 없지." 하며 받아들이는 것이 관례다.

그런데 그 교수의 조교는 서양에서 교육을 받고 돌아온 사람이었다. 그래서 교수의 대답을 액면 그대로 받아들이고는 "아, 교수님. 그럼 알겠습니다." 하며 물러나버렸다. 그래서 그해 그 교수는 퇴임 기념 강연회도, 파티도 없이 혼자 쓸쓸히 대학을 떠날 수밖에 없었다. 배려와 알아차림이 서로 소통되지 않으면 이런 일이 벌어지게 된다.

장기 기사 하부 요시하루 4단도 비슷한 일을 겪었다. 그가 어느 대국에서 나이는 자신보다 많고 경력도 오래됐지만 실력은 자신보다 밑인 선배 기사와 만나게 됐다. 보통 이런 경우, 나이 어린 실력자는 선배 기사에게 상좌에 앉기를 권하곤 한다. 그러면 선배 기사는 "나이는 내가 많더라도 실력은 자네가 위가 아닌가. 그러니 자네가 상좌에 앉게." 하며 사양한다. 그러나 그렇게 말했더라도 나이 어린 실력자는 "그런 말씀 마시고 선배님 어서 상좌에 앉으세요." 이렇게 권해야 한다. 그러면 선배 기사가 "자네가 그렇게까지 말하니 어쩔 수가 없구만." 하며 상좌에 앉게 되는 것이다.

그런데 하부 요시하루 4단은 선배가 "실력은 자네가 위이니 자네가 앉게."라며 사양하자 "그런가요? 알겠습니다." 하며 상좌에 앉아버렸던 것이다. 그런 하부 요시하루 4단을 두고 사람들의 비난이 들끓었다.

하지만 나는 누구도 교수의 조수나 하부 4단을 비난할 수 없다고 생각한다. 언어를 통해 주장을 전달하지 않고 누군가 알아차려주고 배려해주길 바랄 경우, 여러 가지 문제가 생길 수 있다는 것을 알아야 한다.

교수가 정말 퇴임 기념 강연회를 열어주길 원했다면 사양하지 말고 "그거 고맙군, 부탁하네. 난 ○○월 ○○일이 좋네. 이 날이라면 시간을 낼 수 있네."라고 말했어야 했다. 또 선배 기사가 체면상 상좌에 앉고 싶다면 사양하지 말고 "내가 나이가 많으니 그럼 상좌에 앉겠네."라고 말했어야 했다. 그럴 때 불필요한 갈등이 없어진다.

원래 상대방을 이해하는 것은
불가능하다고 생각하라

우리는 이렇게 생각해야 한다.

'원래 상대를 이해하는 것은 불가능하다.'

그렇기 때문에 말을 사용하는 커뮤니케이션이 중요하다고 강조하는 것이다. 상대를 대할 때 모른다고 생각하고 대해야 한다. 그편이 서로를 잘 안다고 대하는 것보다 훨씬 낫다.

이런 이야기가 있다. 화성인 남자와 금성인 여자가 있었다. 어느 날 화성인 남자가 망원경을 들여다보고 있다가 아름다운 금성인 여자를 보게 됐다. 남자는 용기를 내어 여자에게 말을 건넸다. 데이트를 신청했다. 그런데 뜻밖에도 여자가 데이트에 응했다.

그리고 그 뒤로도 계속 데이트를 했다. 데이트가 반복되면서 두 사람은 서로의 사고방식이나 느낌의 방식이 다르다는 것을 알게 됐다. 하지만 그 다름을 받아들일 수 있었다. 두 사람은 서로가 다른 별 사람이기 때문에 생각이나 느낌이, 성격이 다를 수 있다고 생각했던 것이다. 그래서 서로를 용납할 수 있었다.

화성인 남자와 금성인 여자는 결혼을 하게 됐다. 반복되는 데이트도 싫증이 났고 안정감을 가지고 싶었다. 그래서 화성인 남자는 여성에게 프러포즈를 하고 결혼식을 한 뒤, 지구에 신혼살림을 차리게 됐다. 얼마 후 아이가 태어났다. 이 무렵부터 두 사람의 커뮤니케이션은 삐걱거리기 시작했다. 지구에서 태어난 아이가 지구인이듯, 자신들도 지구인이라고 생각하기 시작했다. 그러자 이제까지 상대방의 생각과 느낌이 나와 달라도 다른 별 사람이라 생각해서 용납되었던 것이 문제가 되기 시작했다.

'우리는 같은 지구인인데, 왜 저 남자는 나와 똑같이 생각하지 않는 걸까?'

'왜 그녀는 나와 다르게 느끼는 걸까?'

화성인 남자와 금성인 여자는 서로가 다르다는 전제를 잊는 순간, 상대방을 용납할 수 없게 된 것이다.

원래 상대방을 이해하는 것은 불가능하다고 생각하라. 그리고 상대방에 대해 아무것도 모른다고 생각하라. 그게 이해의 출발점이다.

자신의 인생은
스스로 창조하라

아들러는 사람은 누구나 자신이 의미를 부여한 세상에서 살아간다고 말했다. 그걸 다른 말로 하면 우리는 세계를 끊임없이 창조하고 있다고 말할 수 있겠다.

아들러는 어떤 사람이 떠올린 어렸을 때의 인상적인 장면에 관해 이야기한 적이 있다.

"어느 날, 어머니가 나와 동생을 시장에 데리고 갔다. 그런데 그날 갑자기 비가 내렸다. 어머니는 처음에는 나를 안아 올렸다. 그러다가 문득 동생을 보고는 나를 내려놓고 동생을 안아 올렸다."

아들러는 그 사람이 이런 장면을 떠올린 이유는 그 사람의 삶의 태도와 세상을 보는 방식이 그 말의 연장선상에 있기 때문이라고 했다. 쉽게 말하면 그 사람은 지금 다른 사람이 자신보다 언제나 더 사랑받는다고 생각하며 살고 있다. 그래서 상대방이 지금 자신을 사랑하는 것처럼 보여도 상대방을 믿지 못한다. 그런 까닭에 사랑하는 사람이나 친구에게서 약간의 삐딱한 시그널이 와도 그것을 놓치는 경우가 없다. 입으로는 자신을 좋아한다고 말해도 자신보다는 다른 사람을 더 좋아한다고 믿는다. 그래서 어린 시절의 인상적인 장면으로도 처음에는 자신을 안았지만 라이벌, 즉 동생이 등장하자 자신을 내려놓고 동생을 안아준 어머니를 떠올린 것이다. 지금 그 사람의 라이프스타일이 그에 맞는 회상 장면을 선택한 것이다.

흔히 사람들은 과거의 경험이 지금 그 사람의 라이프스타일을 결정한다고 생각한다. 그래서 과거에 자기 자신 대신 동생이 어머니의 품에 안기게 된 경험 때문에 지금 그 사람이 상대방을 믿지 못하게 된 것이라 생각한다는 얘기다.

그러나 그렇지 않다. 과거의 경험이 지금 그 사람의 삶의 방식을 결정한다는 식으로 생각해서는 안 된다.

상대방을 믿지 못하는 마음을 가진 사람을 상대 입장에서 보면 당연히 호감이 가지 않는다. 모처럼 호의를 가지고 대해도 상대방은 자신의 진심을 의심하기 때문이다. 그러다 결국 싸움이 일어나고, 싸움이 일어나지 않더라도 가까이 가고 싶지 않다. 그렇게 되면 상대방을 믿지 못하는 사람은 또다시 미움을 받았다거나 버려졌다고 생각하고는 '다른 사람은 믿을 수 없다'는 자신의 신념을 더욱 강화하게 된다.

어떤 사람을 만날 때 '정말 이 사람과는 만나기 싫다'는 생각을 가지고 만나면 그 사람과의 관계는 그 생각 속의 관계처럼 되게 되어 있다. 아침에 일찍 일어났을 때, 거의 무의식적으로 머릿속에 이런 메시지가 흘러들어온다.

'정말 싫다, 또 저 사람과 오늘도 함께 있어야 한다니……'

아직 아침일 뿐이고 정작 그 사람과는 만나지도 않았지만 싫다. 그냥 싫은 것이다. 그렇게 생각하면 그렇게 된다. 비록 싫은 일이 일어나지 않더라도 그날만은 예외적으로 운이 좋았다고 생각하게 된다. 이렇게 다른 사람을 만나는 관계는 곤란하다.

이런 경우 한 번쯤은 지금까지의 일을 말끔히 잊고서 나는 오늘 이 사람과 처음 만났다고 생각해보자. 물론 꽤 어려운 일임에는 틀림없다. 하지만 노력해보자. 이렇게 생각해보는 거다.

'오늘 나는 이 사람과 방금 처음 만났다. 이 사람과의 과거

는 없는 거라고 생각하자.'

이렇게 생각하는 것은 꽤 도움이 된다.

시어머니 밑에서 결혼 기간 내내 울분이 쌓인 며느리에게 카운슬러가 이렇게 상담해주면 크게 도움이 된다.

"최근 일주일 동안에 있었던 이야기들만 해주세요. 일주일 이전의 일은 없는 거라 생각하세요."

얼핏 들으면 이런 말은 조금 기운 빠지게 하는 듯하지만, 이런 시점을 제시하면 그 며느리는 크게 호전될 수 있다.

일주일 전은 물론 어제조차도 존재하지 않는다고 생각하면 더 좋다. 과거에 그 사람이 내게 듣기 싫은 소리들을 많이 했더라도, 오늘은 안 할 수도 있다. 그렇게 생각하며 관계를 이어가야 한다. 그러다보면 생각하지 못했던 발견을 하게 된다. 그렇게 생각하고 만남을 갖게 될 때 비로소 그 사람과의 시간이 살아 있는 게 된다. 그리고 오늘은 더 이상 어제의 반복이 아닌 것이 된다. 오늘 지금 이 순간부터 관계를 시작한다고 생각하라. 그러면 오늘을 새롭게 살 수 있다. 그러나 그렇지 않고 계속 과거의 관계에 연연한다면 바로 그 과거에 발목을 잡히고 만다.

나의 어머니는 젊어서 세상을 떠났다. 어머니가 세상을 떠났을 때, 아버지도 나도 그때까지 요리를 해본 적이 없었다.

그런데 막상 요리를 시작해보니 의외로 재미있었다. 대학원생이던 나는 매일 저녁밥을 짓고 아버지가 퇴근하기를 기다렸다. 요리책을 몇 권이나 사 와 열심히 연구하기도 했다.

그러던 어느 날 카레에 도전해보고 싶었다. 봉지에 담아 파는 인스턴트 카레가 아니라 카레 가루를 프라이팬에 볶아서 만드는 본격적인 카레를 만들고 싶었다. 요리책에 적힌 대로 하나하나 순서를 밟아 완성하는 데에 무려 세 시간이 넘게 걸렸다. 퇴근한 아버지가 카레 한 숟가락을 입에 넣었을 때 나는 아버지가 어떤 말을 할지 마른침을 삼키며 기다렸다. 마침내 아버지가 입을 열었다.

"이제 만들지 마라."

이 한 마디로 나는 완전히 주눅이 들고 말았다. 실제로 그 이후 한동안 저녁 식사 준비를 할 의욕을 잃었다. 그로부터 10년 이상이 지난 어느 날, 아버지의 말이 결코 나를 주눅 들게 하려는 의도로 그렇게 말씀한 것이 아닐지 모른다는 생각이 들었다. 당시 나는 대학원생이었다. 그런데 어머니가 뇌경색으로 입원하고, 게다가 세상을 떠났으니 그해의 절반 정도는 학교에 가지 못했다. 아버지가 "이제 만들지 마라."라고 말한 것은 결코 '이런 맛없는 요리는 이제 만들지 마라'는 의미가 아니라 '너는 학생이고 공부해야 하니 이렇게 시간을 들여 만들지 말라'는 의미였던 게 분명하다.

아버지와는 어린 시절부터 대화를 나눈 기억이 거의 없다. 그래서 언제나 내가 하는 일에 어떤 불만을 가지고 있는 게 아닌지 두려웠던 것이다. 그러나 내가 아버지의 말을 달리 해석했을 때, 비로소 아버지와의 거리가 가깝게 느껴졌다. 물론 아버지가 정말 그런 의도로 말했는지는 알 수 없다. 언젠가 여쭤봤을 때는 그런 일이 있었다는 사실조차 잊고 있었다. 그러나 내게는 사실이 아니어도 상관없었다. 내게 상처를 준 아버지의 말에 내가 전혀 다른 의미 부여를 했을 때, 아버지와의 관계가 달라지는 경험을 했기 때문이다. 아버지와 살갑고 가까운 관계로 있을 수 있는 새로운 세상을 내가 만들었다는 것만으로도 커다란 의미를 가지기 때문이다.

낙천주의와
낙관주의

개구리 두 마리가 있었다. 두 개구리는 우유가 든 단지 가장자리에서 폴짝 뛰다가 단지 속으로 풍덩 떨어지고 말았다. 한 마리는 "아, 이제 끝장이야!"라고 소리치고는 이내 포기해버렸다. 그러고는 그저 개굴개굴 울기만 하며 아무것도 하지 않았다. 결국 그 개구리는 우유에 빠져 죽고 말았다.

하지만 다른 한 마리는 달랐다. 똑같이 우유에 빠졌지만 그 개구리는 어떻게든 살기 위해 발버둥 쳤다. 이리저리 열심히 헤엄치며 발을 저었다. 한참을 그렇게 움직이자 발아래가 단단해졌다. 우유가 치즈가 되었기 때문이다. 그래서 개구리는 폴짝 뛰어 바깥으로 뛰쳐나올 수 있었다.

우리가 할 수 있는 일은 그런 것이다. 우리에게 어떤 일이 닥치더라도 그것에서 벗어나기 위해 움직여야 한다. 이것은 낙천주의랑은 좀 다르다. 낙천주의는 무슨 일이 일어나도 괜찮다며 아무것도 하지 않는 것이다. 반면, 낙관주의는 항상 현실을 직시하고, 현실을 있는 그대로 보면서 바로 그 현실에서 출발하는 태도다.

예컨대 어떤 아이가 처한 현실을 보면 암담할 때가 있다. 낙관주의는 그렇게 암담한 지금의 현실을 직시하는 데서부터 문제를 해결하려고 출발한다. 반면에 낙천주의는 '어쨌든 괜찮아, 어떻게든 되겠지' 하는 생각으로 현실을 직시하지 않는다. 결국 아무 행동도 하지 않고 따라서 현실은 바뀌지 않는다.

한편 아무것도 할 수 없다는 비관주의에 서는 것 역시 곤란하다. 비관주의적인 태도는 용기를 잃었을 때 나타난다. 현실은 아무리 해도 바뀔 수 없다며 포기하는 태도다. 그런 비관주의 역시 결국은 아무 행동도 하지 못하게 하기 때문에 낙천주의와 마찬가지로 현실을 바꿀 수 없다.

그래서 아들러는 사람이 모든 상황에서 낙천적이면 그 사람은 틀림없이 비관주의자가 되어버린다고 지적했다. 낙천적인 사람은 패배에 직면해도 놀라지 않는다. 그는 모든 것이 이미 정해져 있다고 생각하기 때문이다. 실제로는 지독한 비관주의자가 겉으로는 낙천주의자처럼 보이고 있는 것이다.

비관주의도 낙천주의도 아닌 여기서 우리가 선택할 수 있는 선택지는 무엇일까? 낙관주의다. 무엇을 할 수 있는지 잘 모르겠다고 해서 무엇을 하든 소용없다고 생각하는 게 아니라, '여하튼 지금 여기서 할 수 있는 일을 하자.'라는 태도를 갖춰야 한다. 바로 그게 낙관주의다. 우리가 일단 지금 여기서 가능한 일을 시도할 때 현실의 사태는 무언가 변화하게 된다.

아들러는 아이들에게 진정 필요한 삶의 태도가 이와 같은 낙관주의라고 강조했다. 세계는 온통 장밋빛이라고 가르치거나 세계는 온통 암흑이라고 가르치는 것은 피해야 한다는 것이다. 앞서 소개한 개구리 일화를 아들러에게서 들은 알프레드 팔로우는 제2차 세계대전 당시, 다하우 강제수용소에 갇혀 있을 때 수용소에 있던 수많은 사람에게 그 이야기를 들려주었다. 그리고 그 이야기는 수용소의 사람들이 무기력에 빠지지 않도록 도울 수 있었다.

우리는 문제가 곧 해결되지 않는다고 해서 심각해질 필요는 없다. 심각하다는 것과 진지하다는 것은 매우 다르다. 인생을 제대로 즐기고 싶다면 진지해야 한다. 마치 트럼프처럼. 트럼프 게임을 할 때 "미안, 지금 이번 판은 없던 걸로 하고 다시 하자."라고 말하는 사람이 있다면 게임이 재미없어진다. 진지하게 게임에 임해야 한다. 하지만 트럼프 게임에 졌다고 해서 죽지는 않는다. 심각하지 않아도 되는 것이다.

작은 한 걸음부터
시작하라

「쉰들러 리스트」라는 영화가 있다. 제2차 세계대전 당시 폴란드에서 1,000명 이상의 유대인을 구한 독일인 실업가 오스카 쉰들러의 실화를 토대로 만든 영화다. 나치 당원이기도 한 오스카 쉰들러가 자신의 공장에 고용한 유대인을 수용소에 가지 않도록 숨겨주어서 그들의 목숨을 구했다. 그 당시 쉰들러의 도움을 받은 유대인들을 '쉰들러의 유대인'이나 '쉰들러의 생존팀'이라 불렀다. 쉰들러의 공장에 고용된 사람의 이름들을 적은 것을 '쉰들러 리스트'라고 불렀는데, 그 리스트에 이름이 올라 있으면 수용소에 가는 것을 면제받을 수 있었기 때문이었다. 쉰들러는 그런 방식으로 여러 유대인들을 죽음에서 구해낼 수 있었다. 마침내 전쟁이 끝났을 때 쉰들러에게는 자동차 한 대만 남았다. 유대인들을 구하기 위해 자신의 전 재산을 날렸던 것이다. 영화에서는 쉰들러가 그 남은 자동차를 보고 이 차를 팔았더라면 유대인 한두 사람의 목숨을 더 구할 수 있었을 텐데 하며 후회하는 장면이 나온다. 그런 그에게 유대인 한 사람이 자신의 금니를 가공해서 반지를 만들어 쉰들러에게 선물한다. 그 반지 안쪽에는 '한 사람의 생명을 구하는 자가 전 세계를 구한다'는 유태교 탈무드의 가르침이 새겨져 있었다.

그 장면이 내게는 너무도 인상적이었다. 그렇다. 우리 앞에는 지금 관계하는 한 사람밖에 없다. 전 세계나 전 인류가 아니다. 바로 내 눈앞의 이 사람과의 관계를 벗어나 전 인류라는 추상적인 개념을 생각하는 것은 무의미하다. 전 인류를 위해 무엇을 할지, 그들을 어떻게 도울지를 생각하는 것이 아니다. 오늘 지금 내 앞에 있는 이 사람과의 관계를 조금이라도 낫게 바꾸기 위해 노력하는 것, 그것이 결국에는 전 인류를 좋은 방향으로 이끌어가는 것이다.

어떤 사람이 해변에서 불가사리를 주워 바다로 던지고 있었다.

불가사리는 파도가 치면 그 파도를 타고 해변으로 올라오는데,

썰물이 빠져나가면 해변에 남게 된다. 그리고 그대로 내버려두면 말라 죽는다. 그래서 그 불가사리를 살리기 위해 바다로 던지고 있었던 것이다. 그런데 그것을 본 옆의 사람이 말했다.

"이 해변에는 몇 천 마리나 되는 불가사리가 있습니다. 당신이 전부 바다로 돌려보낼 수는 없지 않을까요? 그리고 불가사리는 어느 해변에나 있어요. 당신이 그 일을 하든 안 하든 별다른 차이는 없지 않을까요?"

그러자 그 사람은 빙그레 웃으며 몸을 숙여 다시 한 마리의 불가사리를 주워 바다에 던졌다. 그리고는 말했다.

"하지만 '이' 불가사리에게는 큰 차이가 있겠죠."

미국에서 있었던 일이다. 한 사람이 고민에 빠졌다. 자기 자신이 무슨 일을 할 수 있을지 고민스러웠다. 아무 일도 할 수 없을 것 같았다. 별다른 재주도 없고 돈도 없었기 때문이다. 그러다 그 사람은 너무 거대한 일을 꿈꾸는 대신 '매일 아침 집 앞을 지나가는 차를 향해 손을 흔들어주자.'라고 결심했다. 그리고 그날부터 아침마다 집 앞을 지나가는 차를 향해 손을 흔들었다. 처음에는 사람들이 이상하게 생각했다. '저 사람은 뭘 하는 사람일까?' 그러나 매일 아침 출근할 때마다 손을 흔들어주니 달라졌다. 이상하게 그 사람이 손을 흔들어주면 기뻤다. 한 사람 두 사람 출근할·때 일부러 그 집 앞을 지나가려고 길을 돌아오기까지 했다. 그리고 마침내 그 집 앞을 지나는 모든 사람들이 그에게 손을 흔들어 답례를 하게 됐다.

내가 이 이야기를 알게 된 건, 어느 날 이 사람에 대한 이야기가 미국 전역에 보도되었기 때문이다. 제럴드 잼폴스키라는 정신과 의사가 그의 책에 이 이야기를 썼고, 그 책이 일본어로 번역되어 『평온한 기적(원제 : One Person Can Make a Difference)』이라는 제목으로 출판된 것을 내가 읽은 것이다.

홀로코스트에서 죽임을 당한 유대인의 수를 생각해볼 때 쉰들러가 구할 수 있었던 유대인은 지극히 일부에 지나지 않았다. 그러나 쉰들러가 살아가는 방식을 알게 된 오스트레일리아 작가 토마스 케닐리는 그를 주인공으로 한 소설을 썼다. 그 책은 부커상을 수상했고, 케닐리의 책은 어느 날 스티븐 스필버그에게도 전해졌다. 그 책을 읽은 뒤 스필버그는 이 이야기를 영화로 꼭 만들겠다고 결심했다. 그러나 당시 스필버그는 「ET」를 찍고 있었다. 「쉰들러 리스트」가 영화화되기까지는 10여 년의 세월이 필요했다.

스필버그는 유대인이고, 쉰들러에 대하여 알기 전에는 자신이 유대인이라는 것을 부끄럽게 생각했다. 자신의 코가 유대인 특유의 모양을 한 것이 창피해서 매일 밤 잠자리에 들기 전 코에 셀로판테이프를 붙이기까지 했다. 그랬던 그가 쉰들러의 삶을 안 이후에 바뀌었다. 스필버그는 자신이 유대인이라는 사실을 자랑스럽게 생각하게 되었다.

이윽고 스필버그는 이 영화를 촬영하기 시작했다. 폴란드의 크라카우에서 촬영했을 때 「타임」지가 취재를 했고 그 기사는 전 세계로 전해졌다. 그 기사를 읽은 80대 남성이 딸과 아들을 집으로 불러 이틀 동안 자신이 쉰들러의 유대인 중 한 사람이었다는 것, 지금까지 단 한 번도 이야기한 적 없는 수용소에서의 경험을 들려주고 다음날 세상을 떠났다.

「쉰들러 리스트」는 아카데미상을 수상했다. 보통 아카데미상 시상식은 전 세계에 생중계된다. 어느 정도의 사람이 그 시상식을 텔레비전으로 볼 것 같은가. 실제로 10억 명의 사람이 아카데미상 시상식을 본다. 「쉰들러 리스트」를 보지 못한 사람이라도 그 시상식을 통해 쉰들러를 알게 됐고, 그 영화를 통해 유대인이 어떤 참혹한 역사를 겪었는지 알게 됐다. 쉰들러가 행한 선행은 이와 같은 형태로 점점 더 널리 파급되어 갔다.

내가 아들러에게 배운 것은 실질적인 의미에서 민주주의의 중요성이다. 정치적인 슬로건으로서의 민주주의가 아니다. 과거에 나치는 근대 민주주의 헌법의 전형이라고 간주되는 바이마르헌법에 따라 합법적으로 탄생했다. 민주주의의 합법적인 '자살'이라고 할 수 있는 일이었다. 우리는 어떻게 하면 이와 같은 어리석은 짓을 반복하지 않을 수 있을까.

민주주의는 절차에 지나지 않는다. 그 자체로는 알맹이가 있을 리 없다. 따라서 모두가 잘못을 저지를 수 있다. 공통 감각(상식)이 전면적으로 잘못될 수도 있다. 그렇기 때문에 우리들은 민주주의가 자살하지 않도록 끊임없이 마음을 쓰지 않으면 안 된다. 누군가에게 강요를 받더라도 스스로 옳은 판단을 내리려고 애써야 한다. 그냥 주어져 있는 것을 옳은 것이라 생각하고 맹목적으로 받아들여서도 안 된다. 그렇지 않으면 자칫 중우정치(衆愚政治)에 휩쓸리고 만다. 민주주의는 그렇게 망가지는 것이다.

우리들이 하는 일은 어떤 형태로든 전체와 연결된다. 연못에 던져진 돌이 파문을 그리며 연못 전체에 퍼져나가는 것과 같다. 그러니 우리가 먼저 스스로 무엇을 가능하게 할 수 있는지를 생각하면서 살아가게 된다면 우리가 사는 현실 전체는 조금씩 변하게 된다.

어제오늘의 정세를 보고 있자면 반드시 인류의 미래에 대해서 낙관할 수 없어 보인다. 하지만 한 사람의 힘은 의외로 크다. 그렇게 믿고 자신이 할 수 있는 일부터 무엇이든 시작해보길 바란다. 누군가 시작하지 않으면 안 된다. 우리가 행한 일로 세상이 반드시 변한다는 보장은 없다. 그러나 아들러가 주장하듯이 '살아가겠다'고 선택하고 실천해가면 우리의 인생은 틀림없이 변할 것이다.

어떤 사람이 아들러에게 물었다.

"많은 청중 중 몇 사람이 당신의 메시지를 이해했다고 생각합니까?"

사실 아들러는 영어를 그리 잘하지 못했다. 그 질문을 한 사람은 아들러의 영어 실력을 비꼬았던 것일 수도 있다. 혹은 아들러가 들려준 이야기가 어렵거나 청중이 듣고자 하는 내용이 아니었을지도 모른다. 아들러는 이렇게 대답했다.

"단 한 사람이라도 나의 메시지를 이해하고 그것을 다른 사람에게 전해줄 수 있다면 그것으로 나는 만족합니다."

제2장

평범해질 용기

반드시 특별해야만 할 필요는 없다

자신감을 갖는
유일한 방법

아들러 심리학의 큰 특징은 '행복이란 무엇인가' '사람은 어떻게 살아가야 하는가'에 대해서 매우 명백하고 분명한 이미지를 가지고 있다는 점이다. 아이를 적절히 교육하기 위해서는 그게 분명해야 한다. 부모나 선생님은 아이가 성장해서 어떤 어른이 되길 바라는지에 대해서 분명히 알고 있어야 한다. 그렇지 않으면 바로 눈앞에 놓인 일에만 급급해서 정말 중요한 것을 놓치고 만다.

얼마 전까지만 해도 부모님들이나 선생님들은 권위를 통해서 아이를 복종시키려 했다. 아이도 역시 그것을 당연하게 받아들였다. 지금까지는 아들러가 보기에 일관성이 없는, 합리적이지 않은 육아와 교육이 통용되고 있었다. 그러나 이미 70여 년 전에 아들러는 이렇게 말했다.

"아이들이 손을 무릎 위에 가지런히 얹고 조용히 앉아 있어야만 하는 학교는 이제 존재하지 않는다."

나는 어느 TV 인터뷰에서 중학교 교사에게 이렇게 물었다.

"옛날에는 선생님에게 권위가 있었습니다. 아이들도 그런 선생님에게 순종했지요. 그런 교육을 요즘도 기대해야 할까요?"

그러자 그 선생님은 자신만만한 얼굴로 이렇게 답했다.

"지금 중학생은 힘으로 억누르든지 잘 구스를 수밖에 없어요."

지금 생각해보면 너무나 시대착오적인 발상이다. 요즘 아이들은 부모나 선생님을 자기 자신과 대등하게 생각한다. 그런 마당에 억압적인 옛날식 육아나 교육이 먹혀들 리가 없다.

반면에 아들러 심리학은 뚜렷한 목표를 세우고 끊임없이 그 목표를 달성할 수 있게 아이를 지원하라고 가르친다. 그는 아이들을 가르칠 때 다음과 같은 목표를 설정해야 한다고 말한다.

1. 자립한다.
2. 사회와 조화롭게 살아간다.

그리고 이와 같은 목표를 이루기 위해 심리적으로는 다음 두 가지를 갖출 수 있도록 해야 한다고 말한다. 두 가지 심리 목표다. 심리적으로 다음의 두 가지 마음가짐을 갖춰야 한다는 뜻이다.

1. 나는 능력이 있다.

2. 사람들은 나의 친구다.

아들러는 '행동은 신념에서 나온다'고 생각한다. 따라서 아이가 자립해서 사회와 조화롭게 살아가게끔 하기 위해서는 아이에게 적절한 신념을 키워줘야 한다고 말한다.

여기서 말하는 신념은 자기 자신이나 세계에 대한 의미 부여의 총체를 뜻한다. 다른 말로는 '라이프스타일'이라 불린다. 우리는 이와 같은 신념을 비교적 이른 시기에 형성하게 된다. 아들러는 4~5세라 말하지만, 현대 아들러 심리학에서는 10세 전후로 보고 있다. 나중에 이야기하겠지만 라이프스타일이 고정된 것은 아니다. 그렇지만 대략 이 시기에 형성된다고 볼 수 있다.

아이는 라이프스타일을 각각 여러 가지 일들을 체험하면서 형성하기 때문에 부모들이나 선생님들은 아이들을 대할 때 세심하게 주의를 기울여야 한다. 자신들이 행하는 모든 행동들이 아이가 적절한 신념을 형성하는 데 도움이 되는지를 점검해야만 하는 것이다. 그런 생각을 가지고 아이를 대하면 아이가 무엇을 하면 좋은지, 또는 무엇을 해서는 안 되는지를 분명히 알 수 있다.

아이는 라이프스타일이 고정될 때까지 시행착오를 반복하면서 여러 가지 다양한 일들을 시도하게 된다. 그리고 그러는 가운데 '이런 상황에서는 이렇게 하면 좋다'는 경험을 얻게 되고, 그것을 통해 자기나 세계에 대한 신념을 키우고 고정시켜 나아가게 된다.

때로는 자신의 라이프스타일이 불편하게 느껴지는 경험을 하기도 하지만, 일단 형성된 라이프스타일을 쉽게 바꿀 수는 없다. 불편하기는 해도 이미 익숙해져서 편한 라이프스타일로 사는 게 안전하다고 생각하기 때문이다. 익숙한 라이프스타일에 따라 살다보면 장차 무슨 일이 일어날지 예상할 수도 있어서 이미 형성된 라이프스타일은 좀처럼 바뀌지 않는다.

조금 다른 관점에서 말하면 익숙한 라이프스타일에 따라 산다는 것은, 끊임없이 변하지 않겠다고 결심하는 것이나 마찬가지다. 뒤집어 생각하면 그러한 결심을 없었던 일로 하면 얼마든지 라이프스타일을 바꿀 수 있다는 말이기도 하다.

여기서 내가 '성격'이라는 말을 사용하지 않고 굳이 '라이프스타일'이라는 말을 사용하는 이유는, 성격이라는 말에는

'변하기 어렵다'는 뉘앙스가 담겨 있기 때문이다. 그 뉘앙스를 깨끗이 지우기 위해서 나는 '라이프스타일'이라는 용어를 더 즐겨 쓴다.

사실 인간의 성격은 바꾸기 어려운 것이 아니다. 그것은 그저 스타일이나 형태 같은 것이라 얼마든지 다른 것으로 대체 가능하다. 게다가 아들러는 이 라이프스타일을 스스로 정한다고 생각했다. 라이프스타일은 어떤 요인에 의해 결정되는 것이 아니라 스스로 결정하는 것이라는 설명이다.

그렇다고는 하지만 사람들이 아무런 재료도 없이 자신의 라이프스타일을 정하는 것은 아니다. 라이프스타일이 만들어지는 데는 다양한 요인이 작용한다. 아들러는 이것을 '소재'라고 말했다. 바로 그 소재를 근거로 우리는 라이프스타일을 결정하는 것이다.

그래서 부모가 앞서 내가 언급한 신념을 키워주겠다는 생각으로 아이를 대한다고 해서 반드시 아이가 그 같은 신념, 즉 라이프스타일을 형성한다고 단언할 수는 없다. 하지만 그럼에도 불구하고 적절한 작용이 이뤄지기만 한다면 아이는 간단하게 적절한 라이프스타일을 형성할 수 있다.

아들러는 기본적으로 우리는 누구나 똑같은 경험을 하지 않는다고 생각했다. 즉, 우리는 객관적인 세계에 살고 있지 않다는 뜻이다. 따라서 아들러식으로 말한다면 '나는 능력이 있다'고 믿는다면 얼마든지 자신감을 가질 수 있다. 아들러는 인생의 문제를 자신의 힘으로 해결할 수 있다고 생각하는 것이 '나는 능력이 있다'는 신념의 의미라고 말했다. 그리고 그렇게 믿는 것이 자신감을 갖는 유일한 방법이라고 말했다.

아이가 갖춰야 할 심리 목표가 하나 더 있다. '사람들은 나의 친구'라는 생각이다. '친구(fellowmen, Mitmenschen)'라는 말은 아들러 심리학에서 매우 중요한 키워드다. 우리가 성장하는 과정에서 '사람들은 나의 친구'라고 믿는 것이 얼마나 중요한지를 아들러는 늘 반복해서 이야기했다.

아이들에게 첫 '친구'는 어머니다. 어머니는 자신과 아이와의 관계를 점차 주위 모든 사람들로 확대시켜줘야 한다. 어머니 자신과의 관계에만 만족해서는 안 된다는 것이다. 하지만 아이와 어머니의 관계가 원만하지 않았다고 해도 그것이 치명적인 것은 아니다. 커가면서 아버지와의 관계를 통해 '사람들은 나의 친구'라고 믿게 될 수 있다. 만약 그 관계마저 원만하지 못했을 경우, 친구들과의 관계가 원만하다면 그것으로도 '사람들은 나의 친구'라는 심리 목표를 달성할 수 있다.

아마도 아들러 자신이 어머니보다 아버지와의 관계가 좋았던 것과도 무관하지 않은 것 같다. 아이가 어머니와의 관계를 극복하지 못하는 것은 응석받이 아이의 특색인데, 아들러는 프로이트가 말하듯 오이디푸스 콤플렉스는 보편적인 사실이 아니라 응석받이 아이에게서만 보이는 특수한 것이라고 지적했다. 그 역시도 자신의 경험에서 비롯한 생각일 것이다.

아이가 숙제를 하지 않는
이유

아들러는 인간의 고민은 모두 대인관계에서 비롯된다고 말했다. 사람은 혼자서 살아가는 게 아니라 '사람들 사이'에서 살아간다. 아들러의 말을 빌리자면 '개인은 단지 사회적인 (대인관계적인) 문맥에서만 개인이 된다.'

어떤 사람에게 일어나는 일을 이해하기 위해서는 그 사람이 주변 사람들에 대해서 어떤 태도를 취하는지를 알아야만 한다. 우리의 말과 행동은 아무도 없는, 소위 진공 속에서 이뤄지는 것이 아니다. 그 말과 행동에는 '상대'가 분명히 존재한다. 그리고 우리는 그 상대로부터 어떤 응답을 이끌어내려고 한다.

나의 아들이 네 살 때 유치원에서 선생님의 말을 듣지 않아 문제가 되었던 적이 있다. 선생님이 이야기를 시작하면 벽 쪽으로 몸을 돌려버린다는 것이었다.

"아무리 얘기를 해도 가만히 앉아 있지를 않아요. 안절부절…… 집중력이 없어요. 이에 대해 가정에서도 협력해주세요."

초등학교 2학년 때는 갑자기 숙제를 하지 않았다. 집에 돌아온 뒤에는 책가방을 열려고도 하지 않았다. 그 문제로 담임선생님이 가정방문을 왔다. 담임선생님은 아이가 가정에서 어떻게 지내는지 알고 싶었던 것 같다. 덧붙여 선생님은 아이가 집에서 숙제를 할 수 있도록 잘 지도해주길 바란다고 했다. 아이가 숙제하는 것을 옆에서 지켜봐달라고도 했다. 그러나 나는 그것을 거절했다.

유치원에서 아이가 선생님의 말을 잘 듣지 않는 것을 어떻게 이해하면 좋을까? 아이가 숙제하지 않는 것을 어떤 식으로 이해하면 좋을까? 두 가지 경우 모두 아이의 행동이 누구를 '상대'로 하는지를 생각해봐야 한다.

유치원 선생님에게 아들이 말을 듣지 않으면 어떤 기분인지를 물었다.

"그럴 때, 선생님은 어떤 기분이 드나요?"

"화나죠."

아이가 상대인 선생님에게서 '화난다'는 응답을 이끌어냈다는 뜻이다.

"그래서 어떻게 하셨습니까?"

"꾸짖었어요. '잘 듣고 있니?'라고요. 말을 잘 듣는 아이들은 제 앞에 와서 앉는데, 몇몇 아이들은 (이 중에 내 아들도 있다) 교실 가장자리에 앉아요. 눈에 띄죠. 가끔이라면 상관없지만, '늘' 그래요. 오랜 시간 유치원에 있는데 그렇게 해서는 집중력을 키울 수가 없어요. 저로서는 그대로 둘 수가 없습니다."

숙제를 하지 않게 된 아이의 문제 행동으로 선생님이 가정방문을 왔지만, 나는 그 가정방문에 앞서 있었던 수업 참관일에 내가 본 것을 선생님에게 이야기했다. 칠판에 'O월 ×일 □□(아들 이름) 산수'라고 적혀 있었다. 그 아래에는 'O월 ×일 □□ 국어'라고 적혀 있었다. 위부터 아래까지 대부분이 아들 이름이고 간혹 다른 아이의 이름도 뒤섞여 있었다.

"얼마 전 수업 참관을 하러 갔을 때, 칠판에 아이의 이름이 많이 적혀 있더군요. 그것은 무슨 까닭입니까?"

"아, 그건 제가 기억하기 위해서예요. 숙제를 해오지 않는 아이가 너무 많아 누가 무슨 숙제를 안 했는지 저도 기억할 수 없거든요. 그래서 그것을 칠판에 적어둔 거예요."

그러나 만일 선생님이 말한 목적 때문이라면 특별히 칠판에 이름을 적지 않고 자신의 노트에 메모해도 좋지 않았을까? 그런데 칠판에 이름을 적으면 어떻게 될까? 숙제를 하지 않아 다른 애들보다 더 많이 칠판에 이름이 적힌 내 아들은 아이들 사이에서 영웅시된다. 선생님은 아이들의 집중력이 없고, 게으르기 때문에 아이들이 자신에게 주목하지 않고 숙제를 하지 않는다고 생각했다. 하지만 아이는 자신의 행동을 선생님과 자기 사이에서 이뤄지는 커뮤니케이션으로 여겼던 것이다.

원인은 없다,
목적이 있을 뿐이다

앞에서 살펴본 바와 같이 아이들의 부적절한 행동에 대하여 부모나 선생님은 꾸짖거나 벌을 줘서 그만두게 한다. 그런데 그렇게 하면 대부분의 아이들은 일시적으로 그런 행동을 멈추기는 해도 조금 지나면 또다시 동일한 행동을 반복한다.

아이가 부모나 선생님한테 주목을 받기 위해서 하는 행동이기 때문이다. 주목받기를 목적으로 행동하는 아이에게 주의를 기울이는 방식으로 주목하면 당연히 아이는 그 행동을 멈추지 않는다. 만약 그 이유에 대해 '왜?'라고 묻는다면 아들러 같은 심리학자도 대답하기 어렵다.

아이에게 "너는 '왜' 그런 일을 했니?"라고 물어도 만족할

만한 대답이 돌아오지 않는다. "왜 선생님이 하는 말을 듣지 않니?"라고 물어도, "왜 너는 늘 숙제를 잊는 거니?"라고 물어도, 결코 아이는 그 질문에 답하지 않는다. 답할 수도 없다.

그래서 어떤 행동에 대해서 '왜?'라고 물을 때, 아들러는 행동의 '원인'이 아니라 '목적'을 대답으로 기대한다. 우리 인간은 특정한 원인에 의해 떠밀려 살아가는 것이 아니라, 목표를 설정하고 그것을 추구하며 살아가기 때문이다. 그렇기 때문에 '어디에서'가 아니라 '어디로'를 물어야 하는 것이다.

아들러의 이와 같은 '목적론'과는 달리 일상에서는 '원인론'이라는 사고방식이 더 일반적이다. 원인론은 이런 것이다. 나의 아들이 선생님의 말을 듣지 않았을 때 그 원인을 여동생이 태어나 정신적으로 불안정해졌다거나 애정이 부족해져서 아이가 숙제를 거부하게 됐다고 추론하려는 방식이다. 이런 것을 원인론이라 한다.

감정을 예로 들면 목적론과 원인론의 차이가 분명해진다. 보통은 울컥 짜증이 나서 아이를 때렸다는 식으로 말하곤 한다. 이게 원인론이다. 짜증이라는 감정이 아이를 때리는 행동을 하게 했다는 것이다. 하지만 목적론에서는 감정이 원인이 되어 행동이라는 결과가 나왔다고는 생각하지 않는다. 우리는 감정을 어떤 목적을 위해 사용할 뿐 감정이 우리를 부추

기거나 지배하는 것은 아니기 때문이다.

감정은 대부분의 경우 자신의 말이나 행동을 통해 상대를 자신이 원하는 대로 움직이려고 할 때 사용된다. 분노를 표출하면 상대가 자신의 말을 들을 것이라 생각하기 때문에 그 목적을 위해 분노라는 감정을 만드는 것이다. 또한 슬픔이라는 감정은 상대로부터 동정을 이끌어내기 위해 만들어진다. 이처럼 감정은 우리 마음속에 있는 것이 아니라, 자신과 상대 사이에 존재하는 것이다.

화가 치밀었기에 불같이 화를 낸다는 것이 원인론이라면, 목적론은 불같이 화내기 위해서 분노라는 감정을 일으킨다고 생각한다. 불안 때문에 외출할 수 없다고 생각하는 것이 원인론이라면, 목적론은 밖에 나가지 않기 위해 불안이라는 감정을 만든다고 생각한다. 목적이나 목표가 먼저 있고 그 목적을 실현하기 위해 행동하거나 감정이나 사고를 만든다고 생각하는 것이다.

주목을 끌고 싶은 아이들
— 행동 목적(1)

아동상담소에서 아들러가 아이들을 상담했을 때의 일이다. 한 어머니가 딸아이를 데리고 왔다. 어머니의 말에 의하면, 아이가 입안에 있는 음식을 삼키려 하지 않고 한쪽 뺨에서 다른 쪽 뺨으로 옮기기만 할 뿐이라는 거였다.

"왜 음식을 삼키지 않니?"

"삼키지 않으면 다른 건 먹을 수 없어."

식탁에 둘러앉은 가족들이 걱정스레, 혹은 화를 내며 한마디씩 던졌지만 아이는 아랑곳하지 않는다고도 했다. 아들러는 어머니와 상담을 마치고 아이를 데려오게 했다. 그러고는 아이에게 이렇게 말했다.

"네 어머니께서 그러시는데 넌 음식을 입에 넣은 채로 삼키지는 않는다면서? 그러면 어른들이 곤란해 하잖니……. 네가 더 주목받을 수 있는 좋은 방법이 있는데, 알려줄까? 네 입안에 있는 걸 식탁 위에 토하는 거야. 그러면 어른들 얼굴이 사색이 되어 하루 종일 네 얘기만 할 거야."

아들러가 이렇게 짓궂은 이야기를 아이에게 건넨 건, 아이가 어머니를 상대로 주의를 끌기 위해 음식을 삼키지 않는다는 걸 명확히 알았기 때문이었다.

아이가 음식을 삼키지 않은 건 다른 원인이 있어서가 아니라, 어머니의 주의를 끌겠다는 목적 때문이었던 것이다.

실제보다 커 보이고 싶은 아이들
— 행동 목적(2)

아마 아이가 음식을 삼키려 하지 않는 것을 보고 어머니는 주
의를 주며 화를 내기는 했지만 진짜로 화를 낸 것은 아니었을
것이다. 놀랍게도 아이들은 부모나 교사가 진짜로 화가 났는
지 아닌지를 알아차릴 때가 종종 있다. 그러나 진짜로 화를
내면 그 행동의 목적은 권력 다툼, 즉 '다투는' 것이 된다.

 신발을 신은 채 테이블에 올라가거나 항상 집안을 어지럽
히며 돌아다니는 아이도 있다. 어머니가 책을 읽으려 하면
전깃불을 껐다가 켰다가 하며 장난을 치기도 한다. 부모가
자신들의 시간을 보내려고 하면 소리를 지른다. 갖고 싶은
것을 갖지 못하면 발버둥 치며 떼를 쓴다. 그래서 부모는 하

루 온종일 아이에 얽매여 지내게 되고 하루를 마칠 무렵이 되면 파김치가 되어버린다. 아들러는 그런 아이는 '다투고' 싶어 하는 것이라고 말한다. 그런 아이는 주위 사람들의 주의를 끌고 그 중심에 서지 않으면 성에 차지 않는 것이다.

어느 날 아들러는 수업 중에 선생님에게 칠판지우개를 던진 소년을 상담한 적이 있다. 이런 경우 대개 아들러는 선생님을 먼저 만난다. 선생님은 아들러에게 이렇게 말했다.

"교장 선생님께서는 그러지 말라고 몇 번이나 그 아이를 집으로 돌려보냈죠. 그렇게 아이를 집에 돌려보냈음에도 불구하고 그 아이는 칠판지우개를 던지는 행동을 그만두지 않더군요."

여기까지 읽어온 독자라면 집에 돌려보냈'음에도 불구하고'가 아니라 집에 여러 차례 돌려보냈'기 때문에' 칠판지우개를 던지는 행위를 멈추지 않았다는 것을 이해했을 것이다. 아들러는 소년이 열 살이지만 다른 아이들보다 몸집이 작다는 것을 알아차렸다. 그리고 다음과 같이 대화를 나눴다.

"너는 몇 살이니?"

"열 살이요."

"열 살? 열 살치고는 좀 작은 것 같구나."

그러자 소년은 퉁명스럽게 아들러를 노려보았다.

"나를 보렴. 나도 마흔치고는 작지?"

아들러가 몸집이 작다는 것은 널리 알려진 사실이다. 아들러는 신중하게 언어를 골라 말을 이어갔다.

"작은 '우리들'은 (작은 '너'라고 말하지 않은 것에 주목하자) 크다는 것을 증명해야만 한단다. 그래서 선생님에게 칠판지우개를 던지는 거 아니겠니?"

소년은 눈을 내리깔고 어깨를 으쓱해 보였다.

"자, 나를 보렴, 내가 무엇을 하는지."

아들러는 이렇게 말하고는 일어나서 발꿈치를 들고 까치발을 해서 섰다.

"무엇을 하려는 건지 알겠니?"

딴청 부리던 소년이 얼굴을 들고 아들러를 바라봤다. 그때 소년은 아들러와의 대화를 통해서 자신도 잘 몰랐던 자신의 행동 목적을 이해한 것이다.

"나를 실제보다 크게 보이려고 하는 거란다. 나는 실제보다 커져야만 해. 나 자신에게도 다른 사람에도 그것을 증명해야만 하지. 권위에 반항하지 않으면 안 되지, 선생님에게 칠판지우개를 던져서라도."

아들러는 이 소년이 취한 행동 목적을 이렇게 설명했다.

"다투는 공격적인 아이에게는 늘 열등 콤플렉스와 그것을 극복하고자 하는 욕구를 찾아볼 수 있습니다. 마치 자신의 키를 실제보다 크게 보이려고 까치발을 하고 서는 것 같은 간단한 방법으로 성공과 우월감을 얻으려 하는 것입니다."

문제의 원인을 찾지 마라

아이의 행동 목적이 상대를 짜증 나게 하거나 화나게 함으로써 주목을 끄는 것이라면 그에 대하여 어떻게 대처하면 좋은지도 금방 알 수 있다. 그러나 행동의 '원인'을 찾기에만 급급하다면 어떻게 될까?

앞서 보았듯 아이가 유치원 선생님의 말을 듣지 않고 벽을 향해 돌아앉는 행동의 '원인'으로, 여동생이 태어나 정신적으로 불안정하다는 것과 그로 인해 부모의 사랑을 충분히 받지 못하고 있어서 그렇다고 지적했다면?

아들러도 분명 첫째에게 동생의 탄생은 위협으로 느껴진다고 지적하긴 했다. 지금까지 부모의 주목을 한몸에 받으며 왕좌에 앉아 있었지만 동생이 태어나면서 첫째는 왕좌에서 굴러떨어지는 경험을 하게 된다는 것이다. 또 흔히들 문제행동의 원인으로 애정 부족을 꼽는다. 아들의 경우, 어머니가 안아줘야만 한다는 것이다. 만약 안아주지 않으면 애정 부족으로 장차 등교 거부를 하게 될 것이라고까지 말하는 전문가들도 있다.

그러나 내가 보기에 요즘 부모들은 아이에게 지나치게 애정을 베풀고 있다. 애정과다. 아이는 부모에게 충분히 사랑받고 있음에도 좀 더 사랑해달라고 응석을 부리고 있다. 요즘 아이들이 만약 애정결핍이라면 그건 부모의 사랑이 오직 자신만을 향하길 바란다는 의미에서의 애정결핍이다. 그런 아이를 애정이 모자랄지 모른다고 안아주면 더욱 응석받이가 되고 만다.

사실, 문제는 사랑받고 있는가, 그렇지 않은가에 있지 않다. 보통 아이를 사랑하지 않는 부모는 없다. 그러나 아이를 사랑한다는 것만으로 금방 아이와의 관계가 좋아지는 것은 아니다. 사랑이 있기에 좋은 커뮤니케이션이 성립하는 것이 아니다. 오히려 좋은 커뮤니케이션이 있기에 사랑이라는 감정이 태어난다. 사랑이라는 감정은 원활한 대인관계를 통해 얻어지는 결과라고 나는 생각한다.

그리고 이 커뮤니케이션은 기술이다. 사랑을 배울 수는 없다. 하지만 기술이라면 얼마든지 배울 수 있다.

아이가 일으키는 문제의 원인을 과거나 외적인 데서 찾는다면, 그 문제 행동을 바꾸는 일은 사실상 불가능하다. 문제 행동을 일으킨 아이의 부모가 어린 시절 충분히 사랑받지 못했기 때문이라는 이유를 대도 소용없다. 또한 부모의 육아 방식이 잘못되었기 때문이라고 지적해봐야 타임머신이 존재하지 않는 이상 과거로 돌아가 원인을 해소하거나 바꿀 수 없다. 예를 들어 아이가 공부를 못하는 원인을 가정환경이나 학교 체제, 교육정책 때문이라 한다면 아이가 공부를 잘하게 되는 일은 사실상 불가능하다.

우리는 아이의 행동 목적에 더 관심을 기울여야 한다. 그래야 적절한 대처법이 나온다. 목적은 과거가 아닌 미래에 있기 때문이다. 아들러는 우리에게 관심을 가져야 하는 것은 과거가 아닌 미래라고 말한다. 과거는 바꿀 수 없지만 미래라면 얼마든지 바꿀 수 있다. 외적인 원인은 바꿀 수 없지만 목적은 마음먹기에 따라 바꿀 수 있다.

벌주지 마라

아들러는 아이를 벌주거나 꾸짖지 말라고 당부한다. '아이에게 수치심을 안겨주거나 아이의 체면을 구겨버려서는 아이의 행동을 개선할 수 없다. 벌주는 것, 설교하는 것, 이런 것으로는 아무것도 얻을 수 없다'고 단언했다.

앞에서 살펴본 바와 같다. 아이가 문제 행동을 하는 목적이 바뀌지 않는 한 꾸지람을 듣거나 벌을 받아도 아이는 계속 그렇게 행동한다. 그러면 부모나 선생님의 관심에서 멀어지지 않을 것이라는 생각이 있는 한 말이다.

전국 초등학교 피구 대회의 예선부터 결승까지 아이들의 모습을 담은 방송 프로그램이 있었다. 방송 중에 이런 장면이 있었다. 팀 내에서 가장 잘하는 선수가 발에 부상을 입었는데, 그럼에도 연습에 참가하기 위해 연습장에 나타났다. 그러자 코치가 이렇게 다그쳤다.

"너, 뭐하러 왔어? 너는 대체 뭐하는 놈이야?"

그 말에 리포터가 놀라서 나중에 이렇게 물었다.

"선생님, 왜 그런 말씀을 하셨어요?"

코치는 대답했다.

"나도 그러고 싶지 않았지만 더 분발해주길 바라는 마음에 어쩔 수 없었습니다."

그러나 피구 대회에서 우승한 곳은 코치가 엄하게 학생들을 지도한 팀이 아니었다. 나중에 우승한 팀을 취재한 리포터는 깜짝 놀랐다. 아이들이 연습하는 체육관에는 감독도 코치도 없었기 때문이다. 교내를 샅샅이 뒤져 코치를 찾았지만 그는 밭일을 하고 있었다. 놀란 리포터는 물었다.

"괜찮으세요? 이런 곳에 계셔도요?"

벌주거나 모욕을 주면 아이들이 분발할 것이라 생각하는 사람이 많지만, 아이에게 용기가 부족한 상태라면 그저 아이들을 주눅 들게 만들 따름이라고 아들러는 말한다. 벌을 주거나 꾸짖거나 비판하면 무엇보다도 서로의 관계가 나빠진다. 상대와의 관계가 멀어진 상태에서 필요한 경우에만 상대의 행동을 개선하도록 요구할 수는 없다.

또한 벌을 주고 얻는 효과는 일시적이다. 그래서 혼내는 사람이 없으면 다시 부적절한 행동을 한다. 설사 부적절한 행동은 하지 않더라도 적극적으로 마음을 바꿔 올바른 행동으로 나아가는 것을 기대할 수 없게 된다.

과연 벌로써 아이가 적절한 신념을 키울 수 있도록 돕는 게 가능할까? 불가능하다. 벌을 받는 아이는 자신에게 능력이 없다고 생각한다. 또 학교나 가정에서 자신이 있을 곳은 없다고 생각한다. 더 나아가면 극단적으로 사람들은 자신의 친구가 아니라 자신의 적이라고 느끼게 된다.

사실 '자신이 있을 곳이 있다'는 안도감은 그 어떤 것보다 우리 인간이 기본적으로 갈구하는 것이다. 벌을 받거나 꾸중을 듣는 아이는 극단적인 경우, 이 세상 어디에도 자신이 있을 곳은 없다고까지 생각하게 된다.

더 나쁜 경우는 어른과 아이 자신 중 어느 쪽이 옳은지 가리려는 권력 다툼을 시도했을 때다. 이때 만약 어른이 이기면 아이는 대놓고 반항하지는 않는다. 이를테면 겉으로는 드러내지 않고 비행이라는 형태로 어른에게 복수하기 시작한다.

여기서 더 진행되면 자신에 대해서는 그 어떤 기대도 하지 말라고 선언해버린다. 그럴 때 부모나 선생님 같은 어른은 그 아이를 생각하기만 해도 절망적인 기분이 되어버린다.

권력 다툼 단계까지는 부모나 선생님과 아이가 서로 충분히 문제를 해결할 여지가 있다. 하지만 그 단계를 넘어서면 문제가 어려워진다. 그런 경우에는 이해관계가 전혀 없는 제3자가 개입해야지만 해결될 수 있다.

적절한 행동에 주목하되
칭찬하지 마라

부적절한 행동의 목적이 주목을 끌기 위한 것이라면, 그것에 대하여 어떤 행태로든 주목한다면 그 행동은 지속된다. 그래서 부적절한 행동에는 일절 주목해서는 안 된다.

그러나 그것만으로 사태가 변하지는 않는다. 오히려 이전보다 더 나빠지기도 한다. 왜냐하면 이제까지 비록 꾸지람을 들어도 주목을 받을 수 있었지만 이제 그마저도 없기 때문이다.

어떻게 하는 것이 현명할까? 방법은 이렇다. 부적절한 행동을 주목하는 대신 적절한 행동에 주목해야 한다. 그러면 차츰 부적절한 행동은 줄어든다. 적절한 행동을 하고 그로 인해 주목을 받았는데, 굳이 부적절한 행동을 하면서까지 주목받을 필요는 없기 때문이다.

그러나 적절한 행동에 주목하는 것이 '칭찬'이 되어서는 안된다. 벌주거나 꾸짖는 것이 아니라 적절한 행동에 주목한다고 하면 많은 사람들이 '칭찬'을 생각한다. 그러나 칭찬은 좋은 방법이 아니다.

당신이 저녁 식사를 준비하고 있다고 가정해보자. 가족들이 돌아와 음식을 한입씩 입에 넣고는 "우와, 맛있다. 넌 한다면 할 수 있어! 훌륭해. 참 잘했어."라고 말한다면 어떤 기분이 들 것 같은가. 일반적인 언어 감각을 지닌 사람이라면 그다지 유쾌하지 않을 것이다.

이런 게 바로 칭찬이다. 칭찬은 능력 있는 사람이 없는 사람에게, 위에서 내려다보며 '좋다'고 상대를 판단하고 평가하는 말이다. 그래서 아래에 있는 사람은 결코 유쾌할 수가 없다.

아이가 처음에는 자신을 칭찬하는 사람을 분명 친구라 느끼고 자신에게 능력이 있다고 느낄지도 모르겠다. 하지만 계속 그럴 수 있을까? 아마 칭찬받는 동안에는 부모를 자신의 친구라고 느낄지는 모르지만, 부모의 기대에 미치지 못하는 결과를 얻으면 곧 부모는 자신의 친구가 아니라고 생각하게

될 것이다. 부모의 칭찬이 꾸중으로 바뀔 테니까. 설사 그렇
지 않더라도 부모가 기대했던 것에 미치지 못하는 실패를 겪
을 경우, 아이는 자신에게는 능력이 없다고 생각하게 된다.

용기가 꺾였을 때

아이들은 자신을 실제보다 크게 보이기 위해 발돋움한다. 이 간단한 방법으로 성공과 우월감을 얻으려고 한다. 아이가 문제 행동을 한다는 건 아이를 향한 애정이 부족하기 때문이 아니라 아이의 용기가 꺾였기 때문이다.

아들러 심리학에서는 이를 '평범해질 용기'라고 한다. 사람은 누구나 보통으로 있을 용기가 없기에 우선은 남들보다 특별히 잘하려고 한다. 그리고 만일 해내지 못할 경우에는 특별히 나빠지려고 한다. 비뚤어지거나 포기해버리는 것이다. 그렇게 함으로써 간단히 '성공과 우월감'을 손에 넣을 수 있다고 생각한다.

아이들도 마찬가지다. 실제로 무언가를 해내기 위해서는 노력과 인내가 필요하다. 그러나 그게 쉽게 되지 않을 때 보통으로 있을 용기가 꺾인다. 그러면 되레 선생님의 말을 듣지 않거나 칠판지우개를 던지는 행동을 취함으로써 주변 사람들의 주목을 끌려고 한다. 물론 어렸을 때는 실제로 주목을 얻는 데도 성공한다.

우월 콤플렉스와
열등 콤플렉스

나는 언젠가 아들러의 제자 드레이커스 밑에서 공부한 오스카 크리스텐센의 강연을 들은 적이 있다. 이것이 나와 아들러 심리학의 첫 만남이었다. 나는 강연 전날 '통역자로 나와 달라'는 연락을 받고 강연회에 참가했다. 그런데 당일에 가보니 내가 할 일이 없었다. 그래서 조금 불편한 마음으로 자리에 앉아 있었다.

그날 크리스텐센은 강연 중에 다음과 같은 이야기를 했다.

"드레이커스 교수 밑에서 공부할 때 '아들러 심리학과 다른 심리학을 비교 고찰하라'는 과제를 받았습니다. 저는 이 과제로 무려 스무 장의 보고서를 작성해서 제출했습니다. 그 직후 저는 드레이커스 교수에게 불려갔습니다.

'왜 이렇게 많은 분량의 보고서를 작성했나?'

당시 교수는 두 장만 쓰라고 말했었거든요. 저는 이렇게 대답했습니다.

'비교 고찰에 흥미를 느꼈기 때문입니다.'

교수는 다시 이렇게 말했습니다.

'아니, 그건 아니지. 자네는 그저 내게 깊은 인상을 안겨주려고 했을 뿐이야. 그러나 자네는 지금 그대로 충분히 좋으니, 이런 일은 하지 않아도 되네.'

그때까지 저는 늘 남과는 다르게 행동하려고 했지요. 그런데 이 일이 있은 후 비로소 그런 행동을 멈추고 막내처럼 사람들에게 의지하며 살아가겠다고 다짐했습니다."

그런데 나는 그가 이 이야기를 들려주기 직전 크리스텐센에게 무언가 질문을 했다. 굳이 영어로 할 필요는 없었는데 영어로 질문을 던졌다. 통역을 하라고 해서 왔는데 통역이 필요하지 않게 되었으니 그 정도는 해야겠다고 생각했던 것이다.

그러던 차에 크리스텐센의 이야기를 듣게 되었는데, 그걸 듣고 있자니 이런 생각이 들었다. 나는 영어로 질문함으로써 그의 표현대로 청중들에게 나의 존재를 인상 깊게 만들고 싶었던 것이다. 크리스텐센의 경험담이 곧바로 나를 가리키는 것 같았다. 그에게는 실제로 그런 의도가 없었을지도 모르지만, 적어도 나는 그런 생각이 들었다.

평범해질 용기

평범한 사람은 우월 콤플렉스도 우월감도 가지지 않는다. 남들보다 뛰어나야 한다고 생각하는 밑바탕에는 스스로가 못났다는 생각이 깔려 있다. 그 정도는 아닐지라도 적어도 보통으로 있어서는 안 된다는 생각이 자리하고 있다.

내가 아는 젊은 친구는 부모의 뜻을 거스르며 고등학교 진학을 거부했다. 그는 중학생일 때부터 상당히 반항적이었다. 머리는 염색을 했고 눈썹을 밀었다. 그런 그가 어느 날 내게 말했다.

"그런 식으로 반항하지 않았다면 부모님은 저에게 관심조차 두지 않았을 거예요."

보통으로 있지 못하는 사람은 항상 특별해지려고 한다. 자신은 특별하고 우수해야만 하고, 그렇지 않다면 특별히 나쁘기라도 해야 한다고 생각하는 것이다.

나는 공부로 우수해지려고 했다. 다른 것에는 자신이 없지만 공부라면 절대 지지 않겠다고 생각했다. 내가 공부를 열심히 한 동기는 이렇듯 불순했다. 배우는 기쁨이라는 것도 있다고들 하는데, 내 경우에는 이처럼 지는 게 싫어서 공부했기에 공부는 고통으로 기억된다. 크리스텐센이 지적했듯이 필요 이상으로 공부를 해서 나 자신이 우수하다는 것을 선생님이나 친구들에게 각인시키려 했던 것이다.

아들러는 문제 행동을 하는 어느 소년을 예로 든 적이 있다. 그 소년의 아버지는 아들의 못된 행동을 견디다 못해 그를 기숙학교에 보내고 싶어 했다. 그런데 그 소년이 그때 병에 걸려 1년 내내 침대에 누워 지내게 됐다. 당연히 소년의 부모는 걱정이 이만저만이 아니었다. 소년은 그때까지 자신을 소중히 생각해주지 않고 귀찮아한다고 생각했던 부모가 자신을 매우 걱정한다는 것을 알게 됐다. 자신은 사랑받고 있다는 것을 깨달은 소년은 퇴원하여 복학한 뒤에는 완전히 달라진 모습이 되었다. 그 소년은 평범해질 용기를 갖게 된 것이다.

내가 아는 어느 젊은 친구는 중학생 시절 부모에게 몹시 반항하며 지냈다. 그 젊은 친구는 졸업한 뒤에 정원사로 취직하게 됐다. 그런데 정원을 관리하러 간 어느 집 주인이 그를 보더니 물었다.

"자네, 몇 살이지?"

"열여섯 살입니다."

"흐음…… 그런데 자네 정말 좋은 얼굴을 하고 있군."

　그 사람의 말을 듣고서 그는 비로소 특별해야 한다는 콤플렉스에서 해방될 수 있었다고 한다. 그 역시 평범할 수 있는 용기를 얻은 것이다.

'고맙다'는 말의 힘

그렇다면 어떻게 주눅 든 아이에게 용기를 불어넣을 수 있는지를 생각해야 한다. 이미 살펴본 바와 같이 벌주거나 꾸짖는 것, 또는 칭찬하는 것은 바람직하지 못하다. 아이에게 자신은 능력이 없다거나, 혼낸 사람은 나의 친구가 아니라거나 하는 부정적인 신념을 심어주기 때문이다.

역경은 극복할 수 없는 장애가 아니라 맞서서 정복해야 할 과제다. 역경을 넘어서기 위해서는 분명 인내와 지속적인 노력도 필요하다. 하지만 가장 중요한 것은 아이가 자신에게 과제를 달성할 능력이 있다는 자신감을 갖도록 돕는 일이다. 그럴 때 아이는 용기를 가질 수 있다.

어떻게 하면 아이가 그런 생각을 가질 수 있도록 도울 수 있을까? 어떻게 하면, 어떻게 말하면, 용기를 줄까? 그것은 사람에 따라서, 또 상황에 따라서 다르기 때문에 콕 집어 이것이 용기를 주는 말이라고 제시할 수는 없다. 하지만 원칙은 다음과 같다.

칭찬하거나 평가하는 것이 아니라 기쁨을 공유하면 된다. 결국 나의 마음을 전하는 것이 상대에게 용기를 안겨준다. 당연하다는 생각에 자칫 놓치기 쉬운 행동에 대해서 '고맙다'거나 '기쁘다' 또는, '힘이 되었다'고 말하면 된다. 실제로 대다수 부모가 아이의 작은 행동을 보고도 그런 건 당연하다는 생각에 간과해버리기 일쑤다. 그런 행위에 대하여 '고맙다' 또는 '기쁘다' '도움이 되었다'고 말하는 것부터 시작해야 한다.

쑥스럽다는 이유로 쉽게 입이 떨어지지 않는 사람도 많을 것이다. 고맙다고 말하려고 하면 어색함에 얼굴이 굳어지는 사람도 있다. 그러나 그 같은 부끄러움부터 일단 극복해야 한다.

상대도 그 말을 듣고 한순간 머쓱해지겠지만 그래도 해야 한다. 그렇게 일상생활에서 용기를 안겨주는 말을 계속 쓰다 보면 머지않아 대부분의 아이들도 마찬가지로 자연스럽게 '고맙다'는 말을 하게 될 것이다.

그저 '있다'는 사실 자체에
감사하라

그러나 안타깝게도 '고맙다'고 말할 기회조차 없다고 말하는 사람도 있다.

"우리 아이에게 '고맙다'고 말하라구요? 아침에 눈뜰 때부터 잠자리에 들 때까지 말썽만 부리는 애한테요?"

정말 고맙다고 말할 행동을 아이가 하나도 하지 않을까 싶지만, 그런 경우가 있다고 치자. 그럴 때는 어떻게 해야 할까?

이런 점도 생각해보자. 아이가 어떤 특별한 일을 했을 때만 주목해서 고맙다고 말한다면 그것도 좀 곤란하다. 아이가 자신은 특별해야 한다고 생각하게 만들기 때문이다. 좋은 성적을 받아왔을 때 고맙다고 하면 좋은 성적을 받지 못한 아이는 더 이상 공부하지 않게 될 수도 있다. 이런 때에는 고맙다는 말이 칭찬이 되어 버린 경우다.

이런 경우에는 용기 부여가 전혀 효과를 발휘하지 못한다. 아이가 적절한 행동을 했을 때 다음번에도 적절한 행동을 해줄 것이라는 기대를 가지고 '고맙다'고 말했기 때문이다. 이처럼 사심이 있는 경우에는 아이에게 용기를 줄 수 없다. 용기 부여는 지금 자신의 마음을 말하는 거다. 마음속에서 '다음번에도'는 지워버려야 한다.

이 같은 위험을 피하기 위해서는 아이의 '존재' 자체에 주목해야 한다. 아이가 무엇인가를 했기에 고맙다고 말하는 것이 아니라 아이가 그저 '존재'하는 것 자체로 이미 기쁘다고 전해야 한다. 부모나 선생님들은 종종 이상적인 모델을 머릿속에 그려놓고 아이를 대한다. 예컨대 어떤 부모는 부모의 말에 일절 말대답하지 않고 순종적으로 따르는 아이를 이상적인 모델이라고 생각한다. 당연히 현실적으로 눈앞에 있는 아이가 그 이상적인 모델을 따라갈 수는 없다.

따라서 그 같은 이상적인 모델을 머릿속에서 지워야 한다. 그 대신 내 눈앞에 있는 아이에게서 출발해야 한다. 이상적인 아이의 모습을 기준으로 현실 속의 아이를 보는 게 아니라, 존재 자체를 기준으로 삼고 현실 속의 아이를 보면 그 아이가 내 옆에 있어주는 것만으로도 이미 기쁨이다. 그 아이의 어떤 모습이라도 좋게 보인다. 바로 그런 느낌을 아이에게 말로 전해주는 것이 용기를 주는 것이다.

동네 초등학교에서 한 아이가 소각로에 떨어져 불타 죽은 끔찍한 사건이 있었다. 당시 학부모 학급 위원으로 있었던 나는 교감 선생님의 전화를 받고 반 아이들 집에 일일이 전화를 걸어 아이들이 무사히 귀가했는지 확인했다.

"오늘 자녀분이 무사히 귀가했나요?"

이렇게 묻는 데는 상당한 용기가 필요했다. 보통은 이런 식으로 묻지 않기 때문이다.

"네. 잘 돌아왔어요."

"그렇습니까. 다행입니다."

이런 경우 곧바로 전화를 끊을 수도 없다.

"잘 돌아왔는데, 대체 무슨 일 때문에 그러시죠?"

전화를 받은 부모님들은 반드시 이렇게 물었다. 그래서 어쩔 수 없이 "실은……" 하고 소각로에서 불타 죽은 아이의 시체가 발견되었다는 사실과, 아직 그 아이의 신원을 확인하지 못해 이렇게 전화를 걸어서 일일이 아이가 무사히 귀가했는지 확인하고 있는 중이라는 설명을 해야 했다.

전화로 나누는 대화라서 상대방의 얼굴 표정은 보이지 않았지만 수화기 건너편의 부모님이 나의 설명을 듣고 많이 동요하고 있다는 것이 확연하게 느껴졌다. 그 부모들 대부분은 바로 그때만큼은 '우리 아이가 살아 있어서 천만다행이다.'라고 생각했을 게 분명했다. 평소에는 우리 아이가 늦잠을 잔다든가, 숙제를 안 한다든가, 잃어버리는 물건이 많다든가, 행동이 거칠다든가 하며 아이에 대해 수많은 불평을 늘어놓던 부모들일지라도 말이다.

나의 어머니는 젊은 나이에 세상을 떠났다. 어머니가 세상을 떠나기 전, 병으로 쓰러져 입원했을 때 나는 밤낮으로 간병에 매달렸다. 당시에 나는 젊었기에 조금 무리해도 힘든 줄 몰랐지만 그래도 주말만큼은 다른 가족에게 간병을 맡기고 휴식을 취했다. 그리고 월요일 이른 아침에 다시 병원으로 돌아가곤 했다.

그런데 월요일 이른 아침에 어머니가 계시는 병실로 들어서려고 할 때마다 두려움이 엄습했다. 내내 곁에 있을 때는 그렇지 않았는데 이틀이나 떨어져 있는 사이에 무슨 일이 벌어졌을까봐 무서웠던 것이다. 그러다 병실에서 평소처럼 어머니가 숨을 새근새근 내쉬며 잠들어 있는 것을 보면 가슴을 쓸어내리며 안도하곤 했다.

이른 아침의 병실은 언제나 고요하다. 평소에는 잘 들리지 않는 숨소리도 크게 들리기 마련이다. 그 숨소리가 얼마나 고마웠던지. '아아. 정말 다행이다. 어머니께서 편안하게 숨 쉬고 계시는 것이.'라는 생각이 들 정도였다.

어머니가 '살아 계신 것', 그 존재 자체가 고마움이었다. 아이를 대할 때도 그런 마음이어야 한다.

이것은 당신의 문제가 아니다

─ 과제 분리

다시 육아 목표에 대하여 생각해보자. 아이가 자립하여 사회와 조화롭게 지낼 수 있게 해주고, 사람들이 자신의 친구라 생각하도록 해주며, 자신에게는 능력이 있다고 느끼도록 하기 위해서는 용기를 주는 말을 건넬 뿐 아니라 아이가 자신의 힘으로 인생의 과제와 맞서도록 도와야 한다.

인생의 과제는 원칙적으로 본인이 해결하지 않으면 안 된다. 아들러는 종종 '이것은 누구의 과제인가?'라고 묻는다. 그 질문의 답은 최종적으로 누가 그 문제에 대해 책임을 져야 하는가를 생각해보면 알 수 있다.

예컨대 공부는 누구의 과제일까. 당연히 아이의 과제다.

공부가 아이의 과제라면 부모가 공부하라고 말하는 것은 아이의 과제에 간섭하는 것이다. 당연히 아이와의 충돌은 피할 수 없다. 한편, 아이가 공부하지 않는 것이 신경 쓰인다면 그것은 부모의 과제다. 원칙적으로 다른 사람의 과제를 내가 받아들일 수는 없다. 또 자신의 과제를 다른 사람에게 해결하도록 맡길 수도 없다. 그렇기 때문에 아이가 공부하지 않는 것이 답답하고 초조하다고 해서 부모가 아이에게 숙제하라고 말해서는 안 되는 것이다. 공부하는 것은 아이의 과제이기 때문이다.

이렇게 보면 무척 간단해 보이지만 어떤 경우는 종종 누구의 과제인지 알 수 없을 만큼 헷갈릴 때도 있다. 그렇게 헷갈릴수록 마치 헝클어진 실타래를 풀 듯 이것은 누구의 과제, 그것은 누구의 과제라는 식으로 과제를 분명히 구분해야 한다. 이것을 '과제의 분리'라고 한다.

간혹 특별히 부탁하지도 않았는데 자기 멋대로 판단하여 상대에게 도움을 주겠다며 손을 내밀고 간섭하는 사람이 있다. 그의 머릿속에서 '과제의 분리'가 이루어지지 않았기 때문이다.

문제를 혼자
해결할 수 없을 때

과제를 분리하라는 말이 '나는 내 인생을 살 테니, 당신은 당신의 인생을 살라'는 뜻은 아니다.

우리는 자신의 문제를 스스로 해결하지 않으면 안 되지만 유감스럽게도 우리의 능력에는 한계가 있어서 자신의 안고 있는 문제를 모두 혼자서 해결할 수는 없다. 실제로 자신의 과제이고 자신의 힘만으로 해결하지 못할 것도 없지만, 대부분 몹시 힘이 든다. 자신의 힘만으로 어떻게든 해결하겠다고 고집부리는 게 오히려 일을 더 어렵게 만들기도 한다.

그런 경우에는 다른 사람의 도움을 받아야 하고, 자신도 다른 사람을 돕지 않으면 안 된다. 가족 전원 혹은 일부가 공동으로 해결하지 않으면 안 되는 문제는 끊임없이 일어난다. 그런 경우에는 가족이 대화를 나누고 그 대화를 통해 공동 과제로 만드는 것이 좋다. 그리고 공동 과제는 도저히 혼자만의 힘으로 해결할 수 없는 일에 한해야 한다.

그러나 아무것이나 공동 과제가 될 수 있는 것은 아니다. 과제의 분리가 최종적인 목표는 아니지만 공동 과제를 설정하기 전에 과제를 명확히 분리할 필요가 있다. 그런 뒤에 부탁받은 과제를 해결할 수 있도록 가능한 한 힘을 보태는 것이 맞다.

원칙을 상기하자. 원래 개인의 과제는 각각 개개인이 책임을 지고 해결하지 않으면 안 된다. 어떤 문제를 공동 과제로 삼기 위해서는, 먼저 공동 과제로 하자는 의뢰가 있어야 하고, 공동 과제로 삼는 데 대한 서로의 이해도 필요하다. 즉, 양자 혹은 복수의 당사자가 대화를 나누어서 그 문제의 심각성 또는 중요함을 인지한 뒤, 한 사람만의 힘으로 해결 불가능함을 인정해야 한다. 이런 순서가 있기 때문에 공동 과제에 상호간의 동의가 필요한 것이다.

결말을
체험하게 하라

우리 집에서 나와 아내는 맞벌이를 하고 있었던 탓에, 아이들이 학교 수업을 마치고 집에 돌아왔을 때 아이들을 반겨줄 사람이 아무도 없는 때가 많았다. 그래서 우리 아이들은 학교에 갈 때 늘 집 열쇠를 잃어버리지 않게 목에 걸고 다녔다. 그러던 어느 날 아들이 체육 수업 시간에 열쇠를 벗어놓은 채그대로 집에 돌아온 적이 있었다. 집 안에는 늘 그렇듯 아무도 없었고 아이는 집에 들어갈 수 없었다.

나는 일단 그런 때는 근처 아줌마 집에 가서 기다리라고 입에 침이 마르도록 말하곤 했다. 하지만 그날 아들은 현관 앞에서 두 시간 동안이나 다른 식구를 기다리겠다는 선택을 했다. 제일 먼저 아들을 발견한 것은 아이 엄마였다. 그런데 아이는 아무렇지 않은 밝은 표정으로 "숙제하고 있었어요."라고 했다. 도대체 어디서 어떻게 숙제를 했는지 용하다 싶었다. 학교에서 나누어준 프린트물이 너덜너덜해진 것을 보면 땅바닥에다 대고 숙제를 한 게 분명했다. 길을 지나던 사람들은 틀림없이 신기한 눈으로 아들을 보며 지나쳤을 것이다. 열쇠를 깜빡 잊었을 때 취할 수 있는 행동은 그 외에도 여러 가지가 있었을 것이다. 그러나 내 아들은 자기다운 방식으로 문제 해결법을 선택했다. 그리고 그 누구도 탓하지 않고 숙제를 하면서 다른 식구들이 올 때까지 시간을 보냈다.

그 뒤 아들은 또 열쇠를 깜빡 잊은 적이 있었다. 그런데 그때는 이전과는 전혀 다른 방법으로 대처했다. 그날은 내가 집에서 일하고 있었다. 아마도 깜빡 잠이 들었던지 초인종 소리를 못 들었던 것 같다. 그런데 아들한테서 전화가 걸려왔다. 아들이 건 전화를 받은 건 그때가 처음이었다. 열쇠를 잃어버리면 가 있으라고 미리 일러둔 집에서 걸려온 전화였다.

"학교에 열쇠를 두고 와서요. 여기 와 있어요. 그런데 갑자기 집에 아버지가 있을 것 같다는 생각이 들어서요. 아침에 오늘은 집에서 일하시겠다고 하셨잖아요."

만약 집에 아무도 없으면 그곳에 계속 있었겠지만 혹시나

하고 전화를 걸어본 것이었다. 지난번과 달리 남의 집에서 전화를 빌려서 집에 사람이 있는지 확인하는 것이 대견했다. 아들 녀석이 점차 생활력을 갖고 씩씩하게 성장하고 있는 것을 실감할 수 있었다. 나는 아들이 그렇게 성장할 수 있었던 것은, 우리 부부가 아이의 과제에 대해 거의 간섭하지 않았던 덕이라 생각한다. 그래서 우리 아이들은 결과를 체험할 수 있었기 때문이다.

부탁하지도 않았는데 돕거나 참견하는 부모가 있으면 아이는 어느 틈에 의존적으로 되어버릴 우려가 있다. 아이는 언제든 자신이 곤경에 빠지면 부모가 도와줄 것이라고 생각하게 되기 때문이다. 그런 아이는 자신에게 능력이 있다는 생각을 갖기 어렵게 된다.

부모가 아이에게 도움을 주고 참견하는 건 어쩌면 더 간단하고 쉬운 방법이다. 그렇게 하지 않는 게 더 어렵다. 그건 결코 방임이 아니다. 만약 아이가 정말 감당하기 어려운 일이 있거나 결말을 체험하는 데 위험이 뒤따른다면 그때는 부모가 나서야만 하기 때문에, 늘 관찰하고 있어야 한다. 아이가 곤란한 상황에 처해 있는 것을 지켜보고만 있는 게 참견하는 것보다 더 힘든 법이다.

부모는 아이가 결말을 체험할 수 있도록 배려해야 한다. 이를테면 숙제하지 않는 아이에게 숙제하라는 훈계는 필요 없다. 대신 아이가 숙제를 하지 않았을 때 학교에서 어떤 사회적인 결말을 체험하게 되는지를 직접 겪도록 해야 한다. 결말을 체험하게 할 때 아이는 자신에게 능력이 있고, 사람들은 자신의 친구라고 느끼게 된다.

물론 자신에게 능력이 없다거나 사람들은 자신의 적이라고 느끼게 할 가능성이 있는 문제에 직면해 있다면, 아이에게 결말을 체험하도록 해서는 안 된다. 그건 결말 체험이 아이에게 벌을 주는 꼴이 되기 때문이다. 그래서 결말 체험에는 충분한 주의가 필요하다.

지켜보라

열쇠를 잃어버려도 아들이 충분히 적절한 대처를 할 수 있다
는 것을 알고 나는 그다음부터는 그다지 걱정하지 않게 됐
다. 그러던 어느 날 아들의 목에 열쇠 목걸이가 또 걸려 있지
않았다. 나는 잠자코 있을 수 없었다.

"열쇠를 걸지 않고 있는데, 괜찮니?"

그러자 아들이 말했다.

"아빠, 이제 그런 걱정은 안 하셔도 돼요."

나중에 들어보니 아들은 열쇠를 잃어버릴 것을 대비하여
가방 바닥에 여분의 키를 넣어두었다고 했다.

비슷한 경우로 내가 아는 어떤 어머니는 내게 이런 이야기

를 들려주었다.

어느 날인가 중학생인 딸아이가 학교에서 무슨 일이 있었는지 집에 돌아오자마자 엉엉 울음을 터뜨렸다. 그 어머니는 딸아이가 걱정이 되었지만 무턱대고 울기만 하니 이유를 알 길이 없었다. 그래서 아예 대놓고 물어보았다.

"엄마가 뭐 도울 일은 없니?"

그러자 딸아이는 이렇게 말했다.

"응. 있어. 그냥 나를 좀 내버려두는 게 도와주는 거야."

어머니는 조용히 방문을 닫고 나왔다. 다음날 아이는 환한 얼굴로 학교에서 돌아왔다. 그리고 어머니에게 말했다.

"어제는 친구들과 싸워서 힘들었는데, 오늘 화해했어."

그 어머니는 내게 '엄마로서 아무것도 도울 수 없었지만, 딸이 스스로 문제를 해결해서 다행'이라며 기뻐했다. 지켜본다는 건 이런 것이다.

나는 38세가 되어서야 자동차 운전면허를 땄다. 합격할 때까지 세 번이나 시험에 낙방했다. 꽤 고생한 셈이다. 마지막 주행 시험을 볼 때였다. 내가 좁은 도로에서 넓은 도로로 진입하기 위해 좌회전하려고 할 때 누군가 횡단보도를 건너고 있는 것을 보았다. 차를 잠시 멈췄다가 '이제는 됐겠지.'라고 생각하고는 차를 움직이려 할 때 느닷없이 자전거 한 대가 차

앞을 가로질렀다. 하마터면 접촉 사고가 날 뻔했다. 나는 신속하게 브레이크를 밟았다. 옆에 앉아 있던 시험관 역시 브레이크를 밟은 것 같았다. 나는 또 떨어졌구나, 생각하며 실의에 빠져 차를 몰았다. 도로 주행 시험에서 시험관이 브레이크를 밟는 순간 시험은 종료되는 것이기 때문이었다. 그런데 교습소로 돌아와 결과를 확인해보니 뜻밖에 합격이었다. 시험관의 평가는 이랬다.

"그때는 위험했지요. 그러나 당신은 액셀러레이터를 밟지 않고 천천히 크리프(오토매틱 차에서 액셀러레이터를 밟지 않고 브레이크에서 발을 떼면 천천히 전진하는 방식으로 운전하는 방법)로 차를 움직였어요. 게다가 왼쪽 전방을 다시 한 번 볼 정도로 능숙하게 대처했죠. 그래서 저는 브레이크에 발을 올리기는 했지만 밟지는 않았습니다."

아이를 대하는 것도 마찬가지다. 지켜본다는 것은 필요한 순간에 언제든 브레이크를 밟을 자세를 취하고는 있지만 충분히 아이가 문제를 해결할 수 있을 때 결코 먼저 나서서 브레이크를 밟지는 않는다는 뜻이다. 아이가 잘 대처하고 있는 동안에는 부모가 먼저 황급히 브레이크를 밟아서는 안 된다.

온화하지만 단호하게

아들러 심리학에서 말하는 육아는 상을 주어서 적절한 행동을 이끌어내는 당근의 육아도, 부적절한 행동을 허용하는 방임의 육아도 아니다. 또한 벌에 의해서 부적절한 행동을 멈추게 하는 채찍의 육아도 아니다.

아들러 심리학에서는 온화하고 단호하게 아이를 대하라고 권한다. 온화하다는 것은 힘으로 누르지 않고 끈기 있게 대화를 나눈다는 걸 의미한다. 단호하다는 것은 아이와 부모의 과제를 분리한 뒤, 아이가 스스로의 힘으로 과제에 맞설 수 있다면 불필요한 개입은 하지 않는다는 뜻이다.

아이는 온화하고 단호하게 키워야 한다.

제3장

행복해질 용기
바로 지금 그대로의 모습으로

모든 사람은 대등하다
— 수평관계

언젠가 수학여행 중인 중학생과 인솔 교사가 나누는 대화를 들은 적이 있다. 학생들은 제각각 작은 그룹으로 나뉘어져 그룹끼리 일정을 만들고 그에 따라 움직이고 있었는데, 지하철 안에서 학교 선생님과 우연히 만나게 됐던 것이다. 선생님은 그 학생들이 내리는 역과는 다른 곳에서 내리게 되어 있었다. 자신이 내릴 때가 되자 선생님은 학생들에게 거듭 말했다.

"알겠니? 너희가 내려야 하는 역은 B역이야. A역 다음에 있는 B역 말이야. 알겠지?"

"네. 알고 있어요. 걱정하지 마세요."

낯선 여행지라 선생님은 마음이 놓이지 않았는지, 거듭 주의를 주며 학생들에게 당부했다. 그 과정에서 선생님의 목소리는 갈수록 커졌다. 그러다 급기야 학생들이 자신의 얘기를 주의 깊게 듣지 않는 것 같자 학생들에게 꿀밤을 때리기까지 했다. 나는 나중에 그 선생님께 물어보았다.

"선생님, 그때 왜 때리셨어요?"

"아, 그때? 말이 통하지 않는 학생에게는 그것밖에 방법이 없으니까요."

"선생님은 그런 이유로도 학생들을 때리시는군요."

내 마지막 말에 그 선생님은 아무 말도 하지 않았다.

그때 그 선생님과 학생들이 나누는 대화를 들으면서, 그리고 선생님이 학생들에게 꿀밤을 때리는 것을 보면서, 나는 선생님이 학생을 대등한 존재로 보고 있지 않다는 문제를 발견할 수 있었다.

내가 보기에 그 선생님은 학생들에게 몇 번이고 내릴 역을 알려줄 필요가 없었다. 그러지 않아도 아이들은 자신들이 내릴 역을 잘 찾아서 내릴 터였다. 게다가 비록 수학여행으로 처음 방문한 곳에서 길을 잃었다고 해도 아이들은 아마 그 상황을 스스로 충분히 해결할 수 있었을 것이다. 나는 아이들은 그런 능력을 충분히 가지고 있다고 생각한다.

더 나아가서 그 선생님은 말이 통하지 않는다고 학생에게 꿀밤을 때렸는데, 나는 그런 행동 뒤에는 그 선생님이 아이들과 어떻게 관계를 만들어가는지에 대한 기본 태도가 감춰져 있다고 생각한다. 그 선생님은 정말 진심 어린 말로 자신의 생각을 학생들에게 전하려고 노력했을까? 또 그런 진심 어린 말을 적절한 방식으로 사용했을까? 모두가 생각해봐야 할 문제다.

말로 하라

나는 집에서 일하는 경우가 꽤 많다. 그래서 종종 방과 후 집에 놀러 오는 아들의 친구들을 만날 기회가 생긴다.

그러던 어느 날 아들과 집에 놀러 온 친구들이 나누는 대화를 듣게 됐다. 자주 싸워 주위 친구들이나 선생님, 그리고 부모님들을 곤란하게 하고, 행동이 거친 두 아이가 화제에 올라왔다. 나는 다른 일을 하는 척하면서 그 대화를 가만히 들어 보았다.

"그 아이들은 엄청 센 것처럼 보이지만 그건 진짜 강한 게 아니야."

"응, 나도 그렇게 생각해."

듣고 있던 나는 아이들과 "그럼 진짜 강한 건 뭘까?" 하고 토론해보고 싶을 만큼 아이들이 대견했다.

언젠가 내 아들이 다른 아이들의 싸움을 말리다가 멍이 들어 돌아온 적이 있었다. 그런데 아이는 다친 상처를 내게 보여주면서도 자랑스러운 듯 말하는 거였다.

"오늘은 내가 이겼어. 울지 않았거든."

아들러를 공부하는 아버지의 아들답다고 생각했다. 아들러는 늘 힘이 아닌 말을 사용하여 문제를 해결하는 것이 중요하다고 강조했으니 말이다.

상식적인 이야기지만 아이들은 언제나 부모가 하는 말이 아니라 부모의 행동을 보고 배우는 법이다. 우리 아이가 초등학교에 들어간 지 얼마 지나지 않았을 무렵이었다. 우연히 친구와 시비가 붙어 티격태격하게 되었는데 아이가 그만 친구의 발에 걸어 차여 쌍코피를 흘리게 됐다. 싸운 상대 아이의 부모에게서 전화가 걸려오고, 담임선생님이 정황을 설명하기 위해 찾아왔다. 일이 커져버린 상태였다. 나는 아이가 다쳐도 아무렇지 않은 것은 아니었지만, 그래도 상대 아이에게 상처 입히지 않아 다행이라 생각했다.

그래서 나의 아들을 다치게 한 아이 부모가 사죄 전화를 하고 집으로 찾아왔을 때, 나는 다행히 대단찮은 상처이니 오늘

일로 아이를 혼내거나 벌주지 말아달라고 말했다. 그러자 상대 부모가 오히려 더 놀랐다. 당연히 우리 아이를 때린 댁의 자녀에게 단단히 주의를 주고 나무라달라고 할 줄 알았을 테니 말이다.

그러나 그럴 때 부모가 "친구를 다치게 하다니 대체 왜 그랬니?" 이렇게 꾸짖으면서 아이를 벌주고, 심할 경우 때리기까지 한다면 아이는 그 사건에서 무엇을 배우게 될까? 결국 모든 문제를 해결하는 방법은 힘밖에 없다고 생각하게 되지 않을까?

그래서 아들러는 언제나 아이를 벌주는 일에 반대했다. 아이는 때리거나 벌을 준 어른을 원망한다. 그리고는 나중에 커서 그 자신도 똑같이 그렇게 한다. 반항하면서 동시에 그런 어른들의 행동을 내면화시키는 것이다.

어느 중학교 선생님의 부임 첫날 벌어졌던 일이다. 한 학생이 다른 학생 하나를 자기 여자 친구의 가슴을 만졌다는 이유로 발길질을 해댔다. 그 중학교 선생님은 도대체 지금 무슨 일이 벌어지고 있는지를 알 수 없었다고 했다. 그 학생은 자신이 발길질을 한 학생에게 왜 그랬는지 물어보지도 않았다. 그냥 마구잡이로 주먹질과 발길질을 한 거였다. 물론 아무나 그런 짓을 하는 건 아니다. 내가 보기에 그렇게 발길질을 한 아이 주변에는 그렇게 폭력으로 문제를 해결하는 어른이 있었던 게 분명하다. 아이들은 어른들의 폭력을 보고 배우기 때문이다.

사실 아이를 꾸짖거나 벌주는 것은 매우 간단한 문제 해결의 수단인 것처럼 보인다. 그러나 사실 그렇게 간단하지 않다. 꾸짖고 벌주는 것이 잠시 동안은 아이를 위축시켜 부적절한 행동을 멈추게 할지도 모른다. 그러나 실제로 그 방법은 생각보다 매우 번거롭고 시간도 많이 걸리는 일이다. 윽박지르면 곧 그만둘 것이라 생각하지만 그 부작용은 너무 크고 오래 가기 때문이다. 그래서 아들러 심리학은 그 대신 성실하게 신중한 말을 골라 대화를 나누도록 노력할 것을 제안한다.

어른들이 아이들의 문제 행동에 대해 말을 사용하려 하지 않는 건, 앞에서 말 안 듣는 학생에게 폭력을 행사했던 중학교 선생님처럼 애당초 그런 아이와는 대화하기 어렵다고 미리 마음속에서 결론지어 놓았기 때문이 아닐까?

그러나 아들러는 원래 사람과 사람 사이에서 서로를 온전히 이해하는 건 불가능하다고 말했다. 대화를 나눌 때도 서로를 온전히 이해할 수 없다는 것을 전제로 해야 한다는 것이다. 이 말은 아예 처음부터 대화를 포기해버리는 것과는 완전히 다르다.

하나 더 지적하고 싶은 것이 있다. 말로 문제 해결을 꾀하지 않는 배경에는, 상대를 자신보다 열등한 존재로 생각하며, 상대에게 말해봤자 알아듣지 못할 것이라는 선입견이 존재한다는 점이다.

남에게 잘 보이려 하지 않을 때
우리는 편안해진다
─수직관계

아들러 심리학에서는 다른 사람에게 벌을 주거나 꾸짖지 말라고 제안할 뿐만 아니라, 다른 사람을 칭찬하는 것도 권하지 않는다. 아들러는 벌을 주는 것과 마찬가지로, 다른 사람을 칭찬하는 사람은 기본적으로 대인관계를 '수직관계'로 보고 있다고 말한다. 사람과 사람 사이에 위계가 있다고 생각하기 때문에 벌을 주거나 칭찬할 수 있다는 것이다. 그런 맥락에서 보면 칭찬한다는 것은 능력 있는 사람이 능력 없는 사람에게 상대를 내려다보며 '잘한다'고 판단하고 평가하는 것이다.

그런데 아들러 심리학에서는 인간관계를 종적인 '수직관계'로 보는 것이 정신 건강을 해치는 가장 큰 요인이라 간주

한다. 그 대신 대인관계를 수직적이 아니라 수평적으로 생각할 것을 권한다. 칭찬하는 것과는 반대로 용기를 주는 것은 인간관계를 '수평관계'로 바라볼 때 가능하다. 서로의 관계가 수평적이라고 생각할 때 비로소 상대방에게 용기를 줄 수 있다. 그리고 그건 어른과 어른 사이에서뿐만 아니라 어린아이를 상대로 할 때도 마찬가지다. 아이가 자신보다 어리기 때문에 열등하거나 아래에 있다고 생각하면 아이에게 용기를 줄 수 없다. 벌주거나 꾸짖거나, 그렇지 않으면 칭찬할 뿐이다. 힘으로 문제를 해결할 수 있다고 생각하는 것은 상대를 자신보다 아래로 보고 있다는 것이고, 상대를 칭찬한다는 것도 대인관계에 있어서 그의 태도가 종적이라는 것을 보여준다.

그렇다면 대등한 수평관계란, 어떤 관계를 말하는 것일까? 리디아 지하는 『창세기』에 나오는 야곱의 계단 이야기(제28장)를 인용하면서 다음과 같이 설명했다.

천사는 계단 맨 위에 있고 가여운 야곱은 맨 아래 계단에 있다고 생각해서는 곤란하다. 사람은 모두 동일한 위계에 놓여 있다. 그들간의 관계는 수평적이다. 사람은 모두 제각각의 출발점과 목표를 가지고 앞으로 나아갈 뿐이다. 거기에 우열은 존재하지 않는다. 그저 앞서 가는 사람과 뒤에 가는 사람이 있을 뿐이다. 그들 모두는 서로 협력하며 전체로서 진화해갈 뿐이다.

좁은 계단에서는 둘이 동시에 같은 계단을 걸을 수 없다. 한 계단 위로 오르려면 그곳에 있는 사람을 밀어내지 않으면 안 된다. 수직적인 인간관계에 사로잡혀 있는 사람은 마치 이런 좁은 계단을 오르는 것처럼 사람을 대하게 된다. 그런 사람에게는 협력을 기대하기 어렵다. 오로지 위로 올라가려는 생각만 하고 있기 때문이다. 그런 좁은 계단에서 가장 높이 오르고자 하는 사람은 계속해서 다른 사람을 계단 아래로 밀쳐낼 수밖에 없는 것처럼 말이다.

그런데 리디아 지하는 인간관계는 그런 것이 아니라고 말한다. 그저 우리는 같은 평면 위를 걷고 있을 뿐이기에, 그 사이에서 우열은 존재하지 않는다는 것이다. 각자가 자기 자신의 출발점, 길, 목표를 가지고 있고, 자신이 바라는 대로 혹은 가능한 형태로 앞서거나 혹은 천천히 뒤에서 나아갈 뿐이다. 그런 시각에서 보면 어른도 아이도, 교사도 학생도, 역할은 서로 다르지만 그 사이에서 우열관계가 만들어지는 것은 아니다. 물론 완전히 '같은' 것도 아니다. 아주 조금씩 지식과 경험, 그리고 맡겨진 책임의 양이 다를 뿐이다.

이를테면 귀가 시간 같은 경우, 비록 시간대는 달라야겠지만 (초등학교 1학년의 귀가 시간이 어른처럼 10시여서는 안 되듯이) 아이에게 정해진 귀가 시간이 있다면 어른에게도 있어야 한다. 아이에게는 있어야 하고 어른에게는 없어도 된다고 한다면, 그것은 차별적인 논리다. 그게 우열관계가 아닌 아이를 수평적으로 대하는 방식이다.

나는 대학에서 그리스어를 가르칠 때도 같은 입장을 고수한다. 가령 매년 교과서를 선택할 때 나는 그리스어에 관해서는 전문가이기 때문에 학생들이 "교수님, 이 교과서는 연습 문제가 없으니 이 책을 사용하시는 게 어떨까요?"라고 제안해와도 거절한다. 학문적으로, 교육적으로 내가 생각하기에 학생에게 가장 좋다고 생각해서 선택한 교과서를 전문가인 나로서는 결코 양보할 수 없다.

하지만 어떤 방법으로 강의할 것인지에 대해서는 학생과 의견을 충분히 나눈다. 강의 형식으로 할지, 혹은 학생이 발표하는 연습 형식으로 할지는 배우게 될 학생과 충분히 이야기를 나눈 뒤 결정하는 것이 훨씬 교육적으로 좋다고 생각한다. 교사와 학생은 '같지'는 않지만 인간으로서는 '대등'하기 때문이다.

리디아 지하는 전체로서의 인간이 나아갈 길을 '진화'라는 말을 사용하여 표현한다. 진화를 목표로 한 사람은 '앞으로 나아간다. '위'로 나아가지 않는다. 넓은 길을 함께 나란히 걷는 것이기 때문에 특별히 누가 앞서 가든 뒤에서 오든 전혀 상관없다. 앞서 걷는 사람이 있는가 하면, 뒤에서 걷는 사람도 있다. 그러나 그들이 우열관계에 있는 것은 아니다.

야곱의 계단을 머릿속에 그려보는 게 쉽지 않다면, 아쿠타가와 류노스케의 『거미줄』을 떠올려보면 더 이해가 쉽다. 그 소설에서 간다타는 천장에서 내려온 은색의 거미줄에 매달려 지옥에서 극락으로 올라가려고 한다. 높이 올라서 아래를 내려다보니 수많은 죄인들이 거미줄을 잡고 기어오르고 있다. 혼자만 매달려 있어도 거미줄은 곧 끊어질 것만 같다. 그래서 간다타는 버둥거리며 소리친다.

"이 거미줄은 내 거야."

그 순간, 줄이 툭, 하고 끊어지고 만다. 그 모습을 내려다보던 석가모니가 애처로운 표정을 지으며 떠나간다. 자애롭지 못한 마음으로 자신만 지옥에서 도망치려고 하다가 다시 지옥으로 떨어진 간다타가 석가모니의 눈에는 너무도 측은해 보였던 것이다.

인간관계도 마찬가지다. 인간관계를 수직적인 관계로 생

각하고 모두가 경쟁에 나서면 그 모두가 나락으로 떨어질 수밖에 없다. 종적인 관계에서 사람은 필연적으로 경쟁하게 된다. 아래가 아닌 위에 있는 것을 목표로 하게 된다. 이런 경쟁에서는 승리한 사람이 있으면 그와 동시에 패배한 사람이 반드시 나오기 마련이다. 결국 전체적으로 플러스마이너스 제로가 되어버린다.

인간관계를 수직적으로 생각하는 경우, 그와 반대로 자신을 다른 사람보다 아래에 두려고 하는 경우도 있다. 칭찬받기를 원하는 아이가 그렇다. 윗사람에 대해서 필요 이상으로 자신을 낮추는 사람도 마찬가지다. 그 심리적인 메커니즘은 이런 거다. 자기 자신은 칭찬해주는 사람보다 더 위에 설 수는 없지만, 칭찬받지 못하는 사람보다는 자신이 위에 있다는 것을 타인도 인정해주길 원하는 심리다.

경쟁이 익숙해진 사회에서는 직책의 차이가 곧 수직관계가 되어버리는 안타까운 일이 벌어진다. 비록 직책은 다르지만 그것이 인간으로서 위아래를 의미하지 않는다는 생각을, 경쟁을 당연시해온 사람들은 결코 쉽게 받아들일 수 없기 때문이다.

그렇기 때문에 우리는 그토록 경쟁적인 관계 속에서 살아가기보다는 각자가 대등한 존재임을 받아들이고 서로 협력해야 한다. 그렇게 함으로써 전체로 볼 때 플러스가 될 수 있는 인간관계를 지향해야 한다는 얘기다. 이런 대등한 관계를 구축할 때 비로소 아이를 제대로 키울 수 있다. 아이와 대등한 수평관계를 형성하지 못하면 어떤 육아법도 효과가 없다. 아니, 오히려 유해한 것이 되어버린다. 육아라는 것이 간단한 방법으로 아이를 지배하기 위한 수단이 되어버리기 때문이다. 그럼에도 불구하고 아들러 심리학을 아이나 학생을 지배하기 위한 도구로 배우려는 사람이 많다는 사실은 무척 유감스럽다.

어른은 아이에게 예의범절을 가르치고 교육해야 한다. 하지만 그 전에 필요한 것이 있다. 분명 인간은 생물학적으로 다른 동물에 비하여 꽤 오랫동안 부모의 보호를 받는다. 태어나기 전에도 보호가 필요하고 태어난 후에도 부모의 보호는 절실하다. 문제는 부모의 보호가 더 이상 필요 없게 된 뒤에도 아이가 부모의 보호를 요구하고 자립하려 하지 않는다는 것이다. 부모에게 의존하려 한다는 것이다. 인간관계를 수직적으로 생각하는 데 길들여진 아이는 부모의 칭찬만을 기대하며 의존하기 때문이다.

또 다른 한편으로는 우리는 자립해야 하지만, 온전히 자신의 힘만으로 세상을 살아갈 수는 없다. 다른 사람과의 협력이 반드시 필요하다. 혼자서 할 수 있는 일은 스스로 해결하고 결코 남에게 의존하지 말아야 한다. 그러나 혼자서 해결이 어려운 일은 타자로부터 협력을 구해도 좋고, 반대로 그런 경우에 우리도 타자에게 협력하고 도울 수 있다. 인간관계를 대등한 수평관계로 생각할 때 타인을 도울 수 있고 타인의 도움을 기대할 수 있다.

그 밖의 대인관계로는 타인을 도울 수 없다. 누군가가 부탁하지도 않았는데 간섭한다든가, 바라지 않았는데 도움의 손길을 내미는 것은 자신의 우월감을 충족시키기 위한 행동일 뿐이다. 상대를 대등한 존재로 보는 태도가 아니다. 물론 머릿속으로는 충분히 이해할 수 있을지 몰라도 실제로 수평관계에 서는 것은 어렵다. 현대인 대부분이 사람과 관계를 맺을 때 거의 습관적으로 자신이 위인지 아래인지를 판단하는 습성이 있다고 생각해도 무방할 정도다.

내게 자녀를 칭찬해서는 안 된다는 이야기를 들은 어떤 사람이 그 자리에 있는 다른 아이에게 "넌 참 똘똘한 아이구나?" 하며 칭찬하는 것을 본 적이 있다. 나는 그분께 그 자리에서 그게 바로 칭찬하는 것이라고 지적했다. 그러자 그분은 "제 아이가 아닌 다른 아이는 칭찬해도 되지 않나요?"라고 대답해서 나는 깜짝 놀라 이렇게 말해주었다.

"만약 저 아이가 제 아이라면, 저 아이가 당신에게 그런 식으로 평가되길 저는 원치 않을 것 같은데요?"

그랬더니 그분이 내게 이런 질문을 해왔다.

"그렇다면 몇 살부터 칭찬해도 되는 건가요?"

나는 이렇게 말해주었다.

"나이와는 아무 관계가 없어요. 아이가 몇 살이든 당신과 대등합니다. 그렇게 생각해야 해요. 아이를 위에서 내려다보듯 칭찬하는 건 아예 그만두세요."

때때로 사람들은 아이에게뿐 아니라 노인에게도 내려다보듯 말을 건넬 때가 있다. 어느 날이었다. 내가 평소보다 늦게 딸아이를 유치원에 데리고 갔을 때 낯선 방송이 들려왔다. 그 유치원의 보모 한 사람은 매일 아침 아버지와 함께 출근하는데, 그녀가 출근한 지 한 시간 뒤에는 늘 그 아버지를 태우러 버스가 왔다. 버스가 올 때까지 집에 있는 대신 딸과 함께 출근해서 유치원에서 잠시 시간을 보내곤 했던 것이다. 내가 그날 딸을 태우러 유치원에 도착했을 때, 마침 노인을 태우러 온 버스가 당도했다. 그리고 유치원 안에 이런 방송이 울려 퍼졌다.

"할아버지, 나오세요. 버스 왔어요. 어디에 있어요?"

그 방송을 듣고 나는 깜짝 놀랐다. 어떻게 그런 식으로 말할 수 있을까? 만일 그분이 사회적으로 지위가 있는 노인이었다면 결코 그런 식으로 말하지는 않았을 것이다.

나는 그와 비슷한 경험을 내 어머니가 입원했을 때 겪었다. 뇌경색에 합병증으로 폐렴이 생긴 직후라 의식이 거의 없는 어머니에게 그 간호사는 큰 소리로 어머니의 이름을 불렀다. 그런 뒤에 "다 알고는 있는 거죠?"라고 말했다. 나는 그녀의 마치 어린애를 대하는 듯한 말투에 기분이 언짢았다. 내 어머니를 대등한 인간으로 인정하지 않는 것 같았기 때문이다.

아들러가 남긴 수많은 에피소드는 아들러가 얼마나 간단히 아이와 젊은이들과 대등한 수평관계를 쌓을 수 있었는지를 보여주고 있다.

어느 날 아들러가 열차 안에서 겪은 일이다. 열차 안에서 다섯 살 꼬마가 짜증을 내고 화를 내기 시작하더니 끝내 울음을 터뜨렸다. 젊은 엄마는 당황한 나머지 어쩔 줄 몰라 했다.

"뚝 그쳐!"

아무리 아이에게 말해도 소용이 없자, "안 그러면 맞는다."라고 위협했다. 그래도 아이는 울음을 멈추기는커녕 더 울며 반항했다. 그때 그곳에 있던 아들러가 나섰다. 아들러는 손바닥에 장난감 말을 얹은 다음, 아이에게 보여주었다. 그러자 아이는 그런 아들러가 신기했던지 울음을 그치고 아들러의

손바닥 위에 있는 장난감 말을 들여다보며 아들러와 대화를
나누기 시작했다. 당연히 그렇게 대화에 빠져든 아이는 곧
조용해졌다.

그때 그 아이의 행동 목적은 명확했다. 그 아이는 '다투는
아이'였던 것이다. 아들러는 그런 아이에게 어머니가 화를 내
는 식으로 접근하지 않았다. 훨씬 냉정하게 아이를 바라봤
다. 상대가 아이라고 해서 위협 같은 것을 해보았자 사태는
한층 악화될 따름이다. 대등한 관계에서 아이에게 주목해주
자 아이는 다투기 위한 행동을 그만두었던 것이다.

그런 아들러였기에 그는 자신보다 나이 어린 세대들을 존
중했다. 젊은 세대들에게 큰 기대감을 안고 있었다. 아들러
는 딸아이와의 경험을 이렇게 회고한 적이 있다. 어느 날 아
들러의 딸이 영국의 라디오 방송을 듣기 위해 라디오 주파수
를 열심히 맞추고 있었다. 잡음이 많아 도저히 불가능할 것
같아 보였다. 그래서 아들러는 딸에게 영국 방송국 주파수를
잡아내기는 어렵겠다고 말했다. 그러나 딸은 아들러의 말에
는 아랑곳하지 않고 계속 주파수를 맞췄다. 잠시 뒤에 딸아
이의 라디오에서는 영어 방송이 들려왔다. 아들러는 그때를
두고 이렇게 말했다.

"그건 내게 기적과도 같았습니다. 그러나 우리 다음의 젊

은 세대는 그걸 당연하다고 생각할 것입니다."

아들러의 제자들 역시 그런 스승의 태도를 그대로 따랐다. 어느 날 아들러의 제자인 드레이커스와 그의 제자인 크리스텐센이 공개 상담을 한 적이 있다. 오전에는 아들러와 드레이커스가, 오후에는 크리스텐센이 상담을 했다. 상담이 끝났을 때 청중 한 사람이 질문을 던졌다.

"오전, 오후 모든 상담을 들었는데 분명 오후에 있었던 크리스텐센의 상담이 친절했습니다. 그것은 왜입니까?"

스승의 스승인 아들러보다도 자신의 상담이 좋았다는 말을 듣고 크리스텐센이 당황해서 머뭇거렸다. 그때 드레이커스가 태연하게 답했다.

"그것은 크리스텐센을 가르친 선생님이 저를 가르친 선생님보다 훌륭하기 때문입니다."

객석에서는 한바탕 웃음이 터져 나왔다.

12음 기법으로 알려진 쇤베르크(1874년 빈 출생, 아들러와 동시대 사람)의 현악 4중주, 실내교향곡이 초연되었을 때였다. 쇤베르크의 새로운 음악에 빈은 큰 충격을 받았다. 연주회에서는 엄청난 야유와 성난 목소리가 쏟아졌다. 익숙한 음악만을 들어오던 청중들은 의자를 두드려대며 항의했다. 중간에 많은 사람이 자리에서 일어나 연주회장을 떠나기도 했다.

이때 연주회장에 있던 구스타프 말러는 자리에서 일어나 관객들에게 정숙해줄 것을 요청했다. 그리고 끝까지 남아서 반대하는 사람이 야유를 그만두고 떠날 때까지 쇤베르크에게 갈채를 보냈다고 한다. 그날 밤 말러는 이렇게 고백했다.

"나는 솔직히 그의 음악을 이해할 수 없었다. 그러나 그가 젊기에 아마도 그가 옳을 것이다. 나는 이제 나이가 있어 그 음악을 이해할 귀를 갖지 못했을 것이다."

모든 사람들을 수평적인 관계에서 대한다면 더 이상 남에게 자신을 잘 보이기 위해 애써 노력하지 않아도 된다. 수평적인 관계라면 자신이 친절하다는 것을 과시하고 잘 보이기 위해 무리할 필요가 없다. 우리는 보통 무언가를 증명하지 않으면 안 될 때 과도하게 행동하는 경향이 있기 때문이다. 그건 인간관계를 수직적으로 생각하기 때문에 생겨나는 현상이다. 수평적인 관계라면 자신이 남에게 친절하다는 것을 과시할 필요가 없다. 그러니 무리하지 않아도 된다.

첼리스트 요요마는 인터뷰에서 이런 말을 한 적이 있다.

"무대 연주를 하기 전 이렇게 긴장을 풀 수 있는 것은 내가 이미

충분히 나이를 먹어 더 이상 내 자신이 잘한다는 것을 증명하지
않아도 되기 때문이다."

그의 말이 맞다. 나 자신을 남에게 잘 보이기 위해 노력하
지 않아도 될 때 우리는 편안해진다.

지금 있는 그대로의 자신을
받아들여라
— 자기 수용

아들러 심리학은 수직적인 인간관계가 정신 건강을 해치는 가장 큰 요인이라 지적한다. 정신적으로 건강하게 지내기 위해서는 평범해질 수 있는 용기가 필요하다. 그러자면 먼저 자신을 받아들여야 한다. 그게 바로 '자기 수용'이다.

아들러는 "중요한 것은 무엇이 주어졌는지가 아니라 주어진 것을 어떻게 사용하는가이다."라고 말했다. 자신이라는 도구는 다른 것과 달리 대체 불가능하다. 그건 주어진 것이기 때문이다. 따라서 우리는 내게 주어지지 않은 것을 한탄해서는 곤란하다. 그 대신 자신이라는 도구는 어떤 습성을 갖고 있는지 깨닫고 그것을 어떻게 사용하는가가 중요하다.

그러자면 우리는 자신이라는 도구를 사랑하고 받아들여야만
한다.

드레이커스는 크리스텐센을 가르칠 때 자신이 다른 사람
과 다르다는 인상을 주려고 너무 노력하지 않아도 된다면서
이렇게 조언한 적이 있다.

"지금 있는 그대로의 자신을 받아들여라. 오늘 내가 하는 이 말

을 듣고 그대로 실천하는 사람은 지금 이 순간부터 바로 행복해

질 수 있다. 그러나 그렇지 않은 사람은 평생 행복해질 수 없다."

이 말에 나는 약간의 반발심을 느끼긴 했지만, 이 말 때문
에 나는 처음으로 아들러 심리학에 흥미를 갖게 되었다. 그
전까지는 심리학이 철학의 한 분야에 지나지 않는다는 이유
만으로 배우려 하지 않았던 내가 심리학을 보다 진지하게, 깊
숙이 들여다보게 된 것이다.

철학자이다 보니 당연히 '행복이란 무엇인가'를 그때까지
끊임없이 생각해왔다. 하지만 나는 나 자신이 행복해지기 위
해서는 어떻게 해야 할까, 라는 생각은 미처 하지 못했다. 철
학자는 행복이란 무엇인가에 대하여 진중하고 정밀하게 고
찰하기 마련이다. 행복은 철학의 중심 테마 중 하나이기 때

문이다. 그러나 나는 그때까지 행복에 대해 연구하면서도 나 스스로는 행복하지 않았던 것 같다. 그랬기에 드레이커스의 조언이 내 마음 깊숙이 들어왔을 것이다.

드레이커스가 크리스텐센에게 말했듯이 우리가 행복해지는 것은 의외로 간단하다. 그럼에도 우리는 여전히 행복하지 않다. 왜일까? 앞에서 리디아 지하가 아들러의 책을 읽고 세상이 '심플'하다는 깨달음을 얻었다고 했는데, 그럼에도 왜 세상은 그토록 복잡하게 느껴질까? 리디아 지하는 우리가 세계는 복잡하다고 스스로 의미를 부여했기 때문이라고 말했다. 그런 신경증적인 의미 부여를 멈춘다면 우리는 누구나 '지상 천국'을 가질 수 있다는 것이다.

우리는 어떤 일에 대해서든 누구나 동등하게, 똑같이 경험하지 않는다. 우리는 객관적인 세계에 사는 것이 아니다. 우리는 자신의 흥미나 관심에 따라 제각각 세계에 의미를 부여한다. 그리고 그렇게 주관적으로 세계를 이해하고 받아들인다. 드레이커스는 크리스텐센에게 '지금의 모습으로 충분히 좋다'고 가르쳤다. 그것은 곧 '지금의 자기 자신을 있는 그대로 받아들이라'는 의미다. 그러나 자신이 처한 현실에 눈을 질끈 감으라는 의미가 아니다. 아들러 심리학은 현실을 직시하지 않고 자신을 미화하는 낙천주의는 아니기 때문이다.

미켈란젤로가 조각한 대리석상 「다비드」는 미술사에서 매우 유명하다. 그런데 미켈란젤로가 「다비드」를 조각한 대리석에는 큰 균열이 있다. 지금껏 아무도 눈여겨보지 않았던 그 금이 간 대리석에서 미켈란젤로는 다비드를 발견했고, 그 안에 다비드를 담아냈다. 미켈란젤로가 대리석의 결점, 즉 큰 균열이 있다는 것에 주목하지 않았다면 결코 「다비드」상은 탄생하지 않았을 것이다. 하지만 미켈란젤로는 예술가의 놀랍도록 예리한 눈으로 그 결점이 오히려 「다비드」상을 돋보이게 할 것이라 내다봤던 것이다. 이와 마찬가지로 우리는 자신을 바꾸려 하지 말고, 자신에 대한 시점을 바꾸어야 한다. 다른 관점에서 자신에게 스포트라이트를 비춰보아야 한다.

지두 크리슈나무르티는 다음과 같이 말했다.

"당신은 언제나 부모나 선생님들로부터 인생에서 무언가에 도달해야만 한다고 배웠다. 또한 삼촌이나 할아버지처럼 성공해야만 한다는 말을 듣고 자랐다. 거기에서 당신은 무엇을 깨달았는가? 그렇다. 교육은 무엇인가를 성취하라고 다그치는 것이 아니다. 진짜 교육은 당신이 어린 시절부터 아무도 모방하지 않고 언제든 당신 자신으로 있을 수 있도록 돕는 것이다. 그게 진짜 교육이다."

그러나 우리 사회는 이런 생각과는 달리 육아나 교육을 통해서 우리에게 바람직한 인간상을 강요하고 그것처럼 되라고 요구한다. 어떤 훌륭한 사람을 흉내 내라고 다그치고, 무언가 '되기'를 요구한다. 그러나 그런 바람직한 인간상은 허구로 존재하는 것일 뿐이다. 그것을 닮아서도 안 되고 닮으려고 애쓸 필요도 없다. 중요한 것은 '지금 이곳에서 살고 있는 자기 자신'이다. 있는 그대로의 나를 좋아하지 않고서는 행복해질 수 없기 때문이다.

추하든 아름답든 시기를 받든 질투하든 언제나 있는 그대로의 당신으로 있어야 한다는 점을 이해해야 합니다. 그러나 있는 그대로 있기는 매우 어렵습니다. 왜냐하면 당신은 자신의 있는 그대로의 모습이 비열하다고 느끼고, 그걸 고상하게 바꾸기만 하면 멋있어질 것이라고 생각하기 때문입니다. 그러나 실상은 다릅니다. 당신의 있는 그대로의 모습을 발견하고 이해할 때 당신은 바뀔 수 있기 때문입니다.

대인관계에 서툴다고 스스로에 대해 생각하고 있는 사람은 남들로부터 '성격이 어둡다'는 지적을 받으면 그러한 자신을 바꾸려고 애쓴다. 하지만 그건 실제로는 매우 어려운 일이다.

그런 경우, 아들러는 자신에게 주어진 것을 어떻게 사용하는지가 중요하다고 말한다. 자신에 대한 시점을 바꿔보라는 것이다. 다른 누군가가 그런 상황에 처해 있다면 그가 시점을 바꾸도록 도우라고 말한다.

예를 들면 이렇다. 누군가 자신의 성격이 어둡다고 고민한다면 '당신은 성격이 어둡다기보다 다른 사람이 상처받지 않도록 늘 남을 배려한다는 점에서 착하다'고 시점을 바꾸도록 돕는 것이다. 그러면 라이프스타일이라는 서랍에 붙어 있던 '어둡다'는 라벨이 '착하다'는 라벨로 바뀌게 된다. 단지 그것만으로도 그 사람의 라이프스타일의 내용은 완전히 다른 것이 되어버린다. 그게 아들러가 말하는 자기 수용이다. 그때에만 우리는 변할 수 있다.

우리는 다른 사람들을 믿지 않고는
행복해질 수 없다
─ 타자 신뢰

그러나 우리가 자신을 받아들이고 좋아하는 것만으로는 충분하지 않다. 만약 우리가 주위 사람은 틈만 생기면 자신을 함정에 빠뜨리려는 적이라고 생각한다면, 비록 우리가 자기 자신을 좋아한다 해도 그 사람의 라이프스타일은 건강하다고 할 수 없다. 당연히 행복할 수도 없다. 그럴 때 우리는 다른 사람을 적대시하게 되고, 그렇게 되면 세상을 살아가는 게 마치 적진에서 늘 위험에 노출되어 있는 듯 느껴지게 될 것이기 때문이다. 그런 생각이 심해지면 자신만 없다면 다른 사람들은 훨씬 더 잘 지내지 않을까 하는 극단적인 생각으로까지 넘어가기도 한다.

어떤 친구가 내게 어릴 적 추억을 이야기해준 적이 있었다. 아들러 심리학에서는 어느 때 어느 곳에서 있었던 스토리가 있는 추억을 '조기 회상'이라 하여 그 사람의 라이프스타일을 진단하는 데 종종 이용하곤 한다. 그 친구가 들려준 추억은 개를 묶어놓지 않고 자유로이 풀어놓고 키우던 시절의 이야기였다. 그는 어머니로부터 줄곧 개가 무서워서 도망가면 개는 오히려 쫓아와서 물기 때문에 개를 보고 내달리듯 도망치면 안 된다고 들어오던 터였다.

"어느 날 두 명의 친구와 걷고 있었는데 저편에서 개가 다가왔어. 나는 평소 듣던 대로 꼼짝 않고 있었지. 다른 친구들은 후다닥 도망쳤고."

자, 무슨 일이 일어났을까? 그 친구는 다리를 덥석 물리고 말았다. 그 사건 이후로 그 친구는 이 세계는 위험한 곳이라 생각하게 되었다. 길을 걷고 있을 때 차가 돌진해오는 것은 아닐까, 집에 있을 때도 비행기가 떨어지는 것은 아닐까, 질병에 관한 신문 기사를 읽으면 자신도 그 병에 감염된 것은 아닐까…… 그는 늘 그런 생각으로 살아왔다.

그런 그가 어느 날 '다른 사람을 신뢰할 수 없다면 행복해질 수 없다'는 말을 듣고 까맣게 잊고 있던 기억이 되살아났다고 했다.

"분명 개에게 물린 기억은 거기서 끝났어. 그 뒤는 기억을 못 하고 있었는데, 네 이야기를 듣고 나서, 그 이후의 일이 생각났어. 웬 낯선 아저씨가 다리를 물려 울고 있는 나를 자전거에 태우고는 근처 병원까지 데리고 가주었던 거야."

어째서 그는 잊고 있던 그 일을 떠올렸던 것일까? 그 친구가 세상을 위험한 곳이라 생각했을 때는 떠오르지 않던 기억이었는데 말이다. 그건 그 친구의 다른 사람들을 보는 관점이 바뀌었기 때문이다. '세상은 위험한 곳이 아니다. 주변 사람들은 적이 아니라 오히려 자신을 도우려고 한다.' 그렇게 생각하자 그것을 뒷받침할 추억이 떠올랐던 것이다.

우리는 다른 사람들을 적대시하면서 행복해질 수는 없다.

우리는 누군가에게 기쁨이 될 때 행복해진다

― 타자 공헌

그러나 지금 있는 그대로의 자신을 받아들일 수도 있고, 다른 사람을 신뢰할 수 있다는 것만으로는 충분하지 않다. 주위 사람들을 신뢰할 수 있지만 그들에게 자기 자신이 전혀 도움이 되지 않는다면, 누군가를 돕지 않는다면 우리는 결코 행복해질 수 없다. 인간은 다른 사람들로부터 받기만 하면서는 살 수 없다. 스스로가 초라해지기 때문이다. 다른 사람에게 베풀거나 남에게 받은 것을 돌려주면서 살지 않으면 안된다.

그러나 분명 우리 주변에는 자기 자신밖엔 관심이 없고 외부 세계는 자신을 힘들게 만드는 적이라 생각하는 '저만 아는' 사람들이 분명히 있다. 그런 사람은 자신의 인생을 주변 사람들의 인생과 조화를 이뤄가며 살아가려 하지 않는다. 그런 사람은 지나치게 자기 자신을 걱정하고 있는 것이다. 그래서 나 이외의 다른 사람을 생각할 겨를이 없는 것이다.

이 사회에서 우리는 자신만 살아가는 것이 아니다. 친구가 있다. 그 친구를 얼마만큼 인정하는가, 그것이 근본적인 문제라고 아들러는 여러 차례 강조한다.

자신뿐 아니라 친구에 대한 관심을 키울 수 있도록 돕는 것이 어머니의 역할 중 큰 몫을 차지한다. 만약 어떤 아이가 이것에 실패하면 아이는 어머니하고만 관계를 맺으려 한다. 아이 스스로 자신을 너무 걱정한 나머지 다른 사람을 생각할 마음의 여유가 없게 된다.

우리는 친구를 인정하고 그들과 조화를 이루며 그들을 위해 공헌할 줄 아는 자세를 배워야 한다. 물론 이때 자기희생을 강요하는 것은 아니다. 자신의 인생을 다른 사람을 위해 희생하는 사람이 있다. 아들러는 이런 사람을 가리켜 '사회에 과도하게 적응한 사람'이라고 표현한다. '준다'는 자질은 분명 중요한 것이지만 지나쳐서는 안 된다는 뜻이다.

단, 우리가 오해해서는 안 되는 점이 있다. 우리가 무언가를 공헌한다고 할 때, 그것이 특별한 것이어야만 한다는 뜻은 아니다. 그렇게 생각하면 공헌한다는 것은 대개 어려운 것이 되고 만다. 비록 눈에 보이는 형태로 공헌하지 않더라도, 현재 도움이 되지 않더라도, 자기 자신은 누군가에게 힘이 된다고 느끼는 것 그 자체가 중요하다. 그러니 우리는 이렇게 생각해야 한다. '우리가 타인에게 무언가를 해주는 것만이 공헌이 아니다. 우리의 존재 자체가 타인에게 공헌하는 것이다.' 마치 아이가 옆에 있어주는 것만으로도 부모에게는 기쁨이 되는 것처럼 말이다.

아들러는 다른 사람을 자신의 친구로 인정하지 않고 늘 지나치게 긴장하는 사람에게는 파티 호스트가 되어보기를 권한다. 파티 호스트가 되어 친구들에게 즐거운 시간을 보낼 수 있도록 해주고, 또 친구가 관심을 가지는 것에 자기 자신도 관심을 기울여보기를 권한다. 그런 경험을 통해 지금껏 대인관계 속에서 즐기지 못했던 사람이 바뀔 수 있기 때문이다. 그때까지는 아무도 자신을 즐겁게 해주지 않는다며 받기만을 기대했던 사람이었다면, 파티 호스트로서의 경험을 통해 자신의 생각을 고쳐먹을 수도 있기 때문이다.

이런 맥락에서 부모가 아이 스스로 할 수 있는 일을 대신 해주는 것은 옳지 못하다. 아이 스스로 할 수 있는 일을 부모가 대신해주는 건 아이들의 일을 빼앗는 것이나 다름없다.

그리고 아이들의 일을 빼앗는 것은 아이들 자신이 공헌할 능력이 있다고 하는 신념을 키울 기회를 빼앗는 것이 된다. 아이는 자신의 힘으로 무언가를 해낼 수 있을 때 자신감을 갖게 되고, 타인에게 공헌했다는 느낌을 갖게 되기 때문이다.

어느 날 아들러가 어떤 가정을 방문했을 때의 일이다. 그 집 응접실에서 다섯 살 난 꼬마가 발 디딜 틈 없이 장난감을 펼쳐놓고 있었다. 어머니가 야단을 치며 어질러진 장난감을 치우려 했을 때 아들러가 그런 어머니를 말렸다. 그리고는 소년에게 다가가 말했다.

"너는 장난감을 참 잘 꺼내놓는구나. 정리하는 것도 잘할 수 있겠지?"

그 소년은 한 치의 주저함도 없이 자신이 꺼내놓은 장난감을 정리했다.

나이 든 사람들의 경우도 마찬가지다. 어떤 노인이든 스스로를 이제는 더 이상 쓸모없는 인간이라 생각하는 순간, 그 노인은 아이가 하는 모든 말을 들어주는 친절한 노인이 되든지, 무슨 일에든 시시콜콜 잔소리를 하는 비평가가 된다. 노인이 소위 퇴물로 전락하는 것은 가슴 아픈 일이다. 나이 든 어른들에게서 타인에게 공헌하고 있다는 느낌을 빼앗아서는 안 된다. 그래서 우리는 나이 든 어른들에게 그분의 나이가 예순이건, 일흔이건, 여든이건 일을 그만두라고 해서는 안 되는 것이다.

행복의 세 가지 조건

우리가 행복해지기 위해서는 자기 수용, 타자 신뢰, 타자 공
헌 중 어느 하나도 결여되어서는 안 된다. 있는 그대로의 자
신을 받아들여야 하고, 다른 사람들은 적이 아니라 친구라는
것을 믿어야 하며, 스스로의 존재만으로도 다른 사람에게 공
헌할 수 있다는 것을 알아야 한다.

　내가 육아의 심리 목표로 '나는 능력이 있다.'라는 점을 꼽
은 이유는 바로 그것이 지금의 자신을 받아들이는 것이기 때
문이다. 나는 능력이 있다고 생각해야 그러한 자신을 받아들
일 수 있다. 물론 그때 그 능력은 자신만을 위한 것이 아니라
다른 사람들에게 도움이 되는 능력이어야 한다. 그런데 내가

다른 사람들을 신뢰할 수 없다면, 오히려 다른 사람들이 나를 해치려 한다고 믿는다면 내가 다른 사람을 위해 공헌하려는 생각은 들지 않을 것이다. 그래서 사람은 세 가지 조건 가운데 어느 하나라도 결여되면 행복해질 수 없다.

타인을 생각한다는 것

타인을 생각한다는 것은 건강한 라이프스타일을 형성하는 데 매우 중요한 요건이다. 예를 들어 생각해보자. '왜 빨간 신호에 멈춰서야 하는가?'라는 질문을 미국인에게 던졌더니 70퍼센트는 '경찰이 잡으니까.'라고 답했다는 조사 결과가 있다. 상벌 육아 방식이 가져온 결과라 할 수 있다. 또 응답자의 25퍼센트는 '내가 다칠까봐.'라고 답했다. 이것은 앞의 대답보다는 나을지 모르지만 자기중심적이다. 그리고 응답자의 단 5퍼센트만이 '나도 다치겠지만 다른 사람에게 피해를 입힐지도 모르기 때문.'이라고 답했다.

어떤 상황이 자신에게 어떠한지를 먼저 생각하는 게 아니라 모두에게 어떠한지를 생각할 수 있다는 것은 중요하다. 타인들을 위해 자신이 어떻게 공헌할 수 있는지 생각하는 것은 건강한 인격, 행복의 중요한 조건이다.

이처럼 늘 자신뿐 아니라 타자도 생각할 수 있는 것, 타자는 자신을 지지하고 자신도 타자와의 관계 속에서 그들에게 공헌할 수 있다고 느끼는 것, 자신과 타자는 상호의존적이지만 그것은 결코 자기 희생적인 방식이 아닌 형태로 타자에게 공헌할 수 있다고 생각하는 것, 아들러는 이런 생각을 '공동체 감각'이라 불렀다.

아들러 심리학에서는 인간이 공동체에 '소속'되어 있다는 것을 느낄 때 안도감을 느낀다고 설명한다. 그런데 사람들은 공동체에 소속되어 있다는 것을 오해한다. 아무것도 안 하고 그저 수동적으로 받아들여지는 것은 의미가 없고, 적극적으로 어떤 뛰어난 행동을 하거나 엄청난 성취를 거둘 때만이 공동체에 소속되어 있다고 생각한다. 그게 안 되면 주위 사람들의 주목을 끌어 인정받으려고 한다. 그건 건강한 인식이 아니다.

여기서 말하는 '공동체'라는 것은 자신이 속한 가족·학교·직장·사회·국가·인류……에 이르는 모든 집단, 과거·현재·미래의 인류, 나아가 살아 있는 것과 살아 있지 않은 것을 모두 포함한 우주 전체를 가리킨다. 아들러는 이것을 '도달할 수 없는 이상'이라고 말했다. 아들러는 단 한 번도 기존 사회를 언급한 적이 없다.

아들러 심리학은 결코 사회 적응의 심리학이 아니다. 아들러는 "사회제도가 개인을 위해 존재하지 그 반대는 아니다."라고 말한다. 분명 아들러는 개인이 구제받기 위해서는 공동체 감각을 가져야만 한다고 말했다. 하지만 그것은 그리스의 도적 프로크루스테스가 여행객을 자신의 침대에 눕혀 만일 몸이 침대보다 짧으면 억지로 잡아 늘이고 길면 침대에서 튀어나온 부분을 잘라 죽였다고 하는 이야기처럼, 개인을 이른바 사회라는 침대에 눕히고 잡아 늘이거나 잘라내는 것을 의미하지 않는다.

더불어 개개인이 사회 통념이나 상식을 가지는 것이 중요하다고 강조하는 것도 아니다. 사회 통념이나 상식 자체가 본디 잘못된 것도 있기 때문이다. 앞서 우리는 객관적인 세계에 사는 게 아니라 스스로 의미를 부여한 세계에 살고 있다고 했다. 의미 부여는 그 하나하나가 개인에게 특유한 것으로 그중 어느 것이 옳은지 혹은 그른지 말할 수 없다.

그러나 지금 보았듯 우리 인간은 홀로 고립해 살아가는 게 아니라 전체와의 관계 속에서 살아가고 있기에 완전히 사적인 혹은 개인적인 의미부여(사적 감각)가 아닌, 보다 보편적인 판단에서의 '건전한 상식'을 가지는 것이 유용하고 중요하다고 아들러는 여러 차례 강조한다.

그러나 건전한 상식과 개인적인 상식이 반드시 일치하는 것은 아니기 때문에 아들러는 굳이 '공동체 감각'이라는 어려운 말을 사용한 것이다. 실제로 지금 우리가 속한 사회 통념에 맞추는 것이 좋을지, '아니오'라고 말해야 좋을지 판단이 서지 않을 때 우리는 보다 큰 공동체를 생각해야 한다. 때로는 기존 사회 통념이나 상식에 완고하게 '아니오'라고 말하지 않으면 안 될 때도 있다. 실제로 아들러 심리학을 공부한 대다수가 나치에 대한 태도를 결정해야 했을 때 '아니오'라고 대답했다. 그것은 곧 죽음을 의미했다. 수많은 아들레리안(아들러 심리학을 공부한 사람)이 나치의 수용소에서 목숨을 잃어야만 했다. 아들러는 이 공동체 감각만이 인류를 구원하고 인간이 정신적으로 건강한지를 테스트하는 유일하고 타당한 방법이라 말했다.

오늘날처럼 다양한 가치관이 난립하는 가운데 공동체를 상정하는 것에는 분명 위험성도 따른다. 개개인이 자신이 속해 있는 사회를 공동체라고 상정하고 그 사회에 맹목적으로 자기 자신을 맞추려 하는 문제가 일어날 수도 있다. 또 공동체 감각이라는 미명 아래에서 프로크루스테스가 저질렀던 것처럼 개개인을 끼워맞추려는 폭압이 자행될 위험성도 끊이지 않는다. 그래서 우리는 사회 통념을 강요하는 것에 예민해져야 한다. 협력이라는 이름하에 자행되는 강제를 거부해야 한다. 통제당할 위험에 대해서도 끊임없이 신경을 곤두세워야 한다. 공헌이나 신뢰를 강제하는 것이 바로 파시즘의 맨 얼굴이기 때문이다. 그래서 공동체 감각을 얘기할 때는 신중하고 사려 깊어야 한다.

공동체 감각이나 협력에 대하여 이야기할 때에 아들러는 종종 다음과 같은 질문을 받았다.

"하지만 다른 사람은 내게 아무런 관심을 보이지 않아요. 그럴 땐 어떻게 하죠?"

이에 대한 아들러의 대답은 단순명료했다.

"누군가 먼저 시작하지 않으면 안 됩니다. 설사 다른 사람이 협력적이지 않다고 해도 그것은 당신과는 무관한 일입니다. 내 조언은 이렇습니다. 당신이 시작해야 합니다. 다른 사람이 협력적이든 그렇지 않든 상관하지 말고요."

타인에게 공헌한다는 것이 비록 공동체 감각일지라도 다른 사람에게 강요할 수 없다. 그것을 실천하는 것은 자기 자신일 뿐이다. 자기 자신을 넘어 다른 사람에게 강요할 때 얼마나 위험한 일이 벌어지는지를 아들러는 잘 알고 있었다.

그래서 나는 눈앞에 있는 사람에게서 멀어져서 공동체나 인류라는 것을 우선적으로 상정해서는 안 된다고 생각한다. 공동체는 개인이 모인 집합 그 이상이지만, 개인을 벗어나 공동체라는 개념을 생각하는 것은 아무런 의미를 갖지 못한다. 용기를 준다는 관점에서 생각해보면, 눈앞에 있는 아이가 가정이나 학교에서 자신이 있을 곳이 있고 공헌한다는 감각을 가지도록 돕는 게 더 중요하다. 아이가 가정이나 학교에서 그런 감각을 가질 수 있다면 더 큰 공동체에 대해서도 마찬가지로 소속감과 공헌 감각을 가질 수 있게 될 것이다. 그러나 가정이나 학교 같은 눈앞에 있는 세상을 훌쩍 건너뛰어 갑작스럽게 인류나 우주를 얘기하는 것은 지나친 비약인 것이다.

제2부

아들러 심리학이란
무엇인가

제4장

용기의 심리학자
알프레드 아들러

아들러의 생애

배경

아들러는 1870년 빈 근교에서 여섯 형제 중 둘째로 태어났다. 아버지는 유대인 곡물상으로 비교적 유복했다. 양친은 오스트리아 부르겐란트주 키트제라는 비교적 많은 권리를 보장받은 지역 출신이었다. 이 지역 대부분의 유대인들은 무역상으로 프레스부르크에 있는 유대인 마을과 빈을 오가며 장사를 했다. 비교적 제약이 없었기 때문에 그들은 자신들이 박해받고 있다고는 생각하지 않았다.

그래서인지 아들러는 물론, 아들러 심리학 역시 유대적인 색채를 띠지 않았다. 아들러는 1904년에 유대교에서 개신교로 개종하기까지 했다. 그러나 이 개종은 어떤 특별한 종교적 확신에 따라 이뤄진 것이 아니었다. 아들러에게는 자신이 유대인이라는 것에 대한 감정적인 집착이 없었던 것 같다.

아들러는 아버지와는 관계가 좋았지만, 어머니와는 그다지 좋지 않았던 것 같다. 그의 전기에서 어머니는 차가운 인물로 그려져 있다. 아들러는 어머니가 첫째 아들만을 예뻐했다는 것과 동생이 어린 나이에 세상을 떠났을 때도 장례식 바로 뒤에 어머니가 웃었던 것을 용서할 수 없었다고 한다. 또한 아들러가 태어난 뒤 두 해 동안은 어머니가 아들러의 응석을 받아주었지만, 동생이 태어나자 어머니의 관심은 동생에게 곧바로 기울었다. 그래서 아들러는 소위 왕좌에서 끌어내려진 기분을 맛보았고 곧 그의 마음은 아버지에게로 돌아섰다. 물론 세월이 지나서 어머니는 모든 아이들을 누구랄 것 없이 사랑했다는 사실을 깨닫고 그는 어머니에 대한 마음을 바로잡았다. 하지만 어린 시절에는 그런 어머니의 애정을 미처 깨닫지 못했다.

나중에 살펴보겠지만, 아들러는 함께 활동했던 프로이트와 이론적으로 대립하게 된다. 대표적인 주제가 오이디푸스 콤플렉스를 둘러싼 것이었다. 아들러는 자신이 어머니와 친밀하지 않았던 것으로 미루어볼 때, 아들이 어머니에게 이끌린다는 주장이 반드시 보편적인 사실은 아니라고 생각했을 것이다.

한편 형제관계에서 아들러는 두 살 위인 큰형 지그문트와는 그다지 사이가 좋지 않았다. 아들러는 구루병을 앓고 있어서 어떤 동작이든 취하는 데에 어려움을 겪었다. 그랬기 때문에 아들러는 어떤 어려움도 없이 달릴 수 있고 점프도 할 수 있는 형을 보는 것이 고통스러웠다. 그래서 아들러는 늘 자신은 우수하고 모범적인 형의 그늘에 가려져 있다고 생각했다.

이처럼 그는 병약했지만, 밖에서 친구들과 노는 것을 무척 좋아했다. 친구들 앞에서는 활달했기 때문에 친구도 많았고 어디를 가든 인기를 한 몸에 받았다. 친구들과 그렇게 즐거운 시간을 보내서였을까, 아들러는 그가 고통받았던 구루병조차도 결국 이겨냈다.

의사가 되기로 결심하다

그러던 어느 날, 동생 루돌프가 불과 한 살이라는 어린 나이에 디프테리아에 걸렸다. 전염병이었지만 아들러는 자신이 감염될 수도 있다는 생각은 조금도 하지 않고 동생을 돌보며 같은 방에서 지냈다. 부모도 의사에게 진찰을 받게 하기보다는 민간요법에만 의지했다. 그러던 어느 날 아침 아들러가 잠에서 깨었을 때, 자신의 곁에서 차갑게 식어 있는 동생을 발견했다.

어린 동생의 죽음은 아들러가 구루병이었던 것과 다섯 살 무렵에 폐렴으로 죽음의 문턱까지 갔던 경험 등과 어우러져 의사가 되겠다고 결심하는 계기가 되었다. 이른 시기부터 죽음이라는 문제에 관심이 많았던 다섯 살 아들러에게 친구의 아버지(그는 가로등을 만드는 일을 하고 있었다)가 "이 다음에 커서 무엇이 되겠냐?"라고 물은 적이 있다. 아들러가 "의사가 되겠다."라고 답했다. 그러자 그는 곧 "그렇다면 너는 머지않아 이 근처 가로등에 매달리겠구나."라고 말했다고 한다. 당시 의사에 대한 세상의 평가는 그리 좋지 않았기 때문이다.

그러나 어린 아들러는 나쁜 의사들이나 그런 험한 꼴을 당하는 것이라며 자신은 모든 사람에게 친근한 훌륭한 의사가 되겠다고 대답했다. 그리고 그런 아들러의 결심은 변하지 않았다. 아들러는 뛰어난 음악적 재능을 가지고 있었지만 직업으로 의사를 선택하겠다는 결심은 끝내 바꾸지 않았다.

10세가 되어 김나지움에 입학했지만, 아들러의 학업 성적은 그다지 뛰어나지 않았다. 특히 수학에 약했다. 아버지는 그를 구둣방 조수로 만들겠다고 윽박질렀다. 그제야 아들러는 공부에 매진했다. 그 결과 1888년 빈 대학에 입학할 수 있었고, 그 후 1895년 빈 대학 의학부를 졸업한 뒤 학위를 취득했다. 아들러는 대학 시절, 환자에 대한 관심보다 실험이나 진단의 정확성을 강조하는 의학부의 오랜 강의를 지루해했다고 한다. 그럴 때면 그는 근처 카페에서 친구들과 담소를 나누곤 했다.

당시 정신과 과목은 필수가 아니었기 때문에 아들러는 정신과의 수련은 받지 않았다. 그랬기 때문에 프로이트는 그 학교에서 신경증에 대하여 강의를 한 적이 있지만, 아들러가 그의 강의를 들을 기회는 없었다. 1910년 정신과 의사가 될 때까지 그는 안과와 내과 의사로 일하기도 했다.

사회주의에 대한 관심과 결혼

아들러는 이른 시기부터 건강이나 질병이 사회적인 요인과 어떤 관계가 있는지를 연구하는 사회 의학에 관심을 가졌다. 그래서 아들러의 첫 책은 『수련 기술자를 위한 건강 수첩』(1898년)이라는 공중위생에 관한 소책자였다. 그의 이러한 관심은 가난한 환자를 위한 병원에서 안과 의사로 일하던 무렵부터 싹텄다.

아들러는 대학을 졸업하고 2년이 지났을 때, 러시아 출신으로 당시 빈 대학에서 공부하던 라이사 엡스타인과 결혼했다. 두 사람은 사회주의 공부 모임에서 만났다. 라이사는 트로츠키와 친분이 있기도 해서 늘 아들러에게 사회주의적인 입장을 내세웠다. 아들러는 사회 변혁보다는 육아와 교육을 통해 개인을 변화시키는 것이 중요하다는 입장이었는데, 그녀는 그런 아들러의 생각을 안이하다고 여기며 시종일관 비판했다.

결혼 후 아들러는 내과 의사로서 일을 시작했는데 단 하루도 쉬지 않았다. 아침부터 늦은 밤까지 환자를 돌보거나 의학 공부를 했고, 밤에는 카페에서 친구들과 열띤 토론을 펼쳤다. 한편 라이사는 집안일과 육아로 몹시 바쁜 나날을 보냈다. 당시로서는 여성이 집안일과 육아를 도맡는 것이 당연한 일이었지만, 라이사는 항상 지적인 토론에 참가하느라 늘 바쁜 아들러를 결코 달갑게 생각하지 않았다. 훗날 라이사는 아들러가 설립한 모임에서 비서로 일하며, 때때로 토론에도 참가했다. 그러나 둘 사이에 발렌티네, 알렉산드라, 쿠르트, 코넬리아가 태어나면서 더욱더 집안일과 육아에 쫓기게 됐고, 그러다 차츰 아들러의 활동에서는 손을 떼게 됐다.

아들러는 왕성한 활동 때문에 늘 시간에 쫓겼지만 아이들에게는 헌신적인 아버지였다. 자녀 중 알렉산드라에 따르면 아들러는 집에 찾아온 손님과 토론할 때 아이들이 주변에서 놀아도 뭐라고 하지 않았고, 학교에 제시간에 등교한다는 조건하에 아이들은 언제든 잠자리에 들 수 있었다고 한다. 훗날 알렉산드라와 쿠르트는 정신과 의사가 됐다.

프로이트와의 만남과 결별

아들러가 프로이트를 어떤 계기로 만나서 그와 교류하게 되었는지는 분명하게 밝혀져 있지 않다. 어느 전기 작가는 이렇게 전한다. 아들러가 프로이트의 『꿈의 해석』을 읽고 정신의학에 흥미를 가지게 되었는데, 1902년의 어느 날 유력한 신문 「빈자유신문」에 『꿈의 해석』에 대한 비판적인 기사가 실렸다. 아들러는 그 기사를 보고는 프로이트를 옹호하는 투서를 보냈는데, 신문에 실린 그 글을 프로이트가 보게 됐고 프로이트는 감사 엽서를 아들러에게 보내어 자신이 주최하는 수요 모임에 아들러를 초대했다고 한다. 사실 그 신문에는 『꿈의 해석』의 논평 기사가 게재된 적도, 아들러의 글이 실렸던 적도 없다. 전기 작가가 약간의 각색을 했던 것 같다.

하지만 아들러가 프로이트의 수요 모임에 초대되었던 것은 분명하다. 아들러는 훗날 『기관열등성 연구』(1907년)를 발표했는데, 프로이트의 수요 모임에 초대되었을 당시에도 이미 아들러는 신체적 장애를 가진 사람이 그 장애에 대하여 어떤 식으로 대응하는지를 연구하고 있었다. 그래서 프로이트의 수요 모임에서 자신의 견해에 대한 다양한 토론이 이뤄질 것을 약속받고 비로소 아들러는 프로이트의 초대에 응했다고 한다.

어찌 되었든 아들러가 초대받은 이 연구 모임은 나중에 빈 정신분석학회로 발전하여 1910년 아들러는 회장이 된다. 그러나 그 1년 뒤 1911년에 아들러와 프로이트 사이에 학설상의 대립이 표면화됐다. 아들러와 프로이트는 서로를 존경했지만, 결코 친구가 되지는 못했다. 14년이라는 연령차가 있었지만 그렇다고 프로이트를 아버지처럼 대하기에는 프로이트가 너무 젊었다. 이 점에서 보면 프로이트를 아버지처럼 따랐던 융과는 다른 입장이었다.

또한 의학에 대한 자세도 아들러와 프로이트는 크게 달랐다. 아들러는 프로이트와 달리 의학을 연구를 위해서가 아니라 진료를 위해 선택했고 진찰하는 것을 즐거워했다. 또 아들러가 관심을 가진 사회주의에 대해 프로이트는 전혀 관심을 기울이지 않았다. 게다가 아들러가 개신교로 개종한 것도 유대인으로서 긍지를 가지고 있던 프로이트에게는 유쾌한 일이 아니었다.

그렇다고 아들러가 프로이트에게 개인적으로 등을 돌린 건 아니었다. 프로이트는 수요 모임을 처음과 달리 공동 연구보다는 차츰 회원간 경쟁을 부추기는 쪽으로 끌고 갔고 그런 와중에 국제정신분석학회를 설립하여 그 회장 자리에 취리히의 융을 독단적으로 앉혔다. 그런 인사에 초창기 빈 회원들은 반발했지만 아들러는 다른 회원들에게 동조하기보다는 조정자로서 나섰다. 아들러가 학문적으로 독자적인 길을 걷게 된 것은 프로이트와의 개인적이고 감정적인 대립 때문이 아니었다. 순수하게 학설상의 대립이 있었기 때문이었다.

아들러는 어린아이가 생활할 때 어려움을 겪게되는 신체적인 장애를 '기관 열등성'이라 불렀다. 그런 뒤에 그것이 성격 형성에 미치는 영향에 대하여 연구했는데, 그러다 차츰 객관적인 열등성에서 주관적인 열등성으로 관심이 옮겨갔다. 하지만 신경증의 근거로서 리비도가 아니라 열등감을 강조하는 아들러를 프로이트가 인정할 리 없었다. 이에 대해서 아들러는 나중에 자신의 생각을 수정하지만, 근본적인 부분에서 아들러와 프로이트의 견해는 양립할 수 없었다. 결국 아들러는 빈 정신분석학회를 탈퇴하게 된다.

아들러가 탈퇴했을 때 아들러와 함께 행동한 회원은 아홉 명이었다. 당시 학회 회원은 30여 명 정도였다. 아들러와 함께 아홉 명의 동료가 떠나간 데다가 1913년에는 융이 떠나게 되면서 프로이트로서는 큰 손실을 입었다. 그래서일까 아들러와 프로이트는 그 후 단 한 번도 만난 적이 없었다.

아들러는 정신분석학회에서 핵심적인 회원으로 활약했지만 일반적으로 알려진 바와 달리 그는 프로이트의 제자는 아니었다. 아들러가 활동 거점을 미국으로 옮긴 뒤 자신을 두고 프로이트의 제자라는 세상의 오해에 대해 불같이 화를 냈다는 일화가 전해진다. 그랬기에 아들러는 프로이트 학파의 정신분석가가 되려는 사람이라면 누구나 받아야 하는 교육 분석을 받은 적조차도 없었다. 그만큼 아들러는 언제나 자신은 프로이트와 대등한 연구자라고 생각했다.

개인심리학의 탄생

그렇게 프로이트 곁을 떠난 아들러는 1912년에 자유정신분석학회를 설립했고, 그다음 해에는 '개인심리학회'로 명칭을 바꿨다.

아들러가 자신이 창시한 심리학 체계를 '개인심리학'이라 불렀던 이유는, 그는 인간을 분할할 수 없는 전체로 파악하고 인간은 통일된 존재라 생각했기 때문이었다. 그래서 아들러는 인간을 정신과 신체, 감정과 이성, 의식과 무의식으로 나누는 모든 형태의 이원론을 반대했다.

군의관으로서 참전

1914년, 아들러가 44세였을 때 제1차 세계대전이 발발했다. 아들러는 나이가 많아 징병을 면제받았지만 군의관으로서 참전하여 육군병원 신경정신과에서 일했다. 그는 이곳에서 입원한 환자가 퇴원한 뒤에 다시 군인으로 전쟁터에 복귀할 수 있을지에 대해 판단해야만 했는데, 그 임무는 매우 고통스러워서 그는 밤에도 제대로 잠을 이룰 수 없었다고 한다.

교육에 대한 관심

전쟁 이후 아들러의 마음속에서는 다시 사회주의에 대한 관심이 타올랐다. 하지만 러시아 혁명의 현실을 직접 눈으로 본 뒤 아들러는 마르크스주의에 실망하여 정치 개혁으로 인류를 구원할 수 있다는 생각을 버렸다. 그 대신 그의 관심은 육아와 교육 문제로 옮겨갔다.

세계대전 이후 빈은 황폐해질 대로 황폐해져 있었고, 청소년 문제는 심각한 사회 문제로 대두되고 있었다. 아들러는 그런 빈으로 달려가 공립학교 내에 아동상담소를 설립했다. 그곳은 아이들과 부모를 치료하는 장소일 뿐 아니라, 교사, 상담사, 의사 등 전문직을 훈련하는 곳으로도 활용되었다.

그곳에서 아들러는 자신의 상담 장면을 공개적으로 보여주었다. 상담이 공개되는 데 비판이 없었던 것은 아니다. 아들러와 상담을 나눈 아이들이나 그 아이들의 부모들은 청중 앞에 서는 것을 두려워했다.

물론 모든 상담이 공개되었던 것은 아니었다. 프라이버시가 필요한 경우, 또 청중이 공감하기 어려운 내용의 상담은 공개하지 않았다. 그러나 교육이나 육아와 관련된 상담은 공개되었다. 아들러는 사람들이 다른 사람의 상담을 보고 듣다 보면 자신의 문제와 공통성을 발견할 수 있고 더 나아가 해결 방향을 찾을 수도 있다고 생각했기 때문이었다.

공개 상담은 상담받는 사람에게도 이점이 있었다. 많은 청중들 앞에 선 아이는 거기서 강한 감명을 받곤 했다. 타인이 자신의 문제에 공감하고 관심을 가져주는 모습을 보면서 아이는 자신이 보다 큰 전체의 일부라는 느낌을 받게 되기 때문이었다. 그래서 아들러는 교사들에게도 큰 기대를 걸었다. 학교에서 아들러의 공개 상담 같은 활동을 통해 가정에서 부모가 아이들에게 미칠 수 있는 나쁜 영향을 충분히 불식시킬 수 있도록 교사들이 잘 훈련받아야 한다고 생각했던 것이다.

미국으로

나치즘이 대두하면서 아들러는 유대인에 대한 박해를 우려하게 됐다. 그래서 그는 1926년부터 1927년 겨울에 걸쳐 정기적으로 미국을 여행하며 차츰 활동 거점을 미국으로 옮겼다. 1928년에는 콜롬비아 대학 강의에 초대받아 출강하게 됐고, 1932년부터는 롱아일랜드 의과대학의 교수가 되어 빈에는 겨우 5월부터 10월까지만 머물렀다. 그리고 1935년에는 가족까지 미국으로 이주했다.

그의 죽음

아들러 일가에 곧 불행이 들이닥쳤다. 딸 발렌티네가 정치적인 혐의를 받고 실종되어 행방불명이 되었기 때문이었다. 어떤 경우도 결코 낙담하지 않았던 아들러였지만, 이 일만큼은 만년의 아들러에게 크나큰 충격이 아닐 수 없었다. 발렌티네를 생각하며 잠 못 이루는 밤이 이어졌다. 제대로 먹지도 못했다. 어느 날인가, 강연 차 떠나 있던 곳에서 괴로운 심경으로 딸 알렉산드라에게 '얼마나 더 견딜 수 있을지 모르겠다'는 내용의 편지를 보냈을 정도였다.

아들러가 강연을 위해 방문한 스코틀랜드 아바딘에서 심장발작으로 쓰러진 것은, 이 편지를 알렉산드라에게 보낸 며칠 뒤인 1937년 5월 28일의 일이었다. 아들러는 호텔에서 아침 식사를 마치고 산책하러 나온 직후에 거리에서 쓰러졌다. 길을 가던 행인에게 발견되어 구급차로 병원에 옮겨졌지만, 이송 도중에 숨을 거두고 말았다. 그의 나이 67세였다.

아들러 심리학 그 이후

아들러는 생전에 나치 수용소에 수감된 적은 없었다. 그러나 아들러 학파 사람들의 대부분은 수용소로 보내졌다. 그래서 어떤 의미에서는 아들러 심리학은 아우슈비츠에서 사라졌다고 말할 수도 있을 것 같다.

전쟁 이후 아들러 심리학이 발전하는 데 루돌프 드레이커스의 공이 컸다. 드레이커스는 아들러의 가르침을 받은 뒤 미국으로 건너가 시카고를 중심으로 아들러 심리학을 널리 알리는 데 공헌했던 인물이다.

오늘날 아들러 심리학은 미국뿐 아니라 전 세계적으로 실천되고 있는데, 일본에서는 정신과 의사 노다 슌사쿠(野田俊作)가 1982년에 시카고의 알프레드 아들러 연구소로 유학을 가서 아들러 심리학을 공부하고 돌아왔다. 귀국한 뒤 1984년에는 아들러 심리학 연구와 계발을 목적으로 일본 아들러 심리학회를 설립해 오늘에 이르고 있다.

보통 사람을 위한 심리학자, 아들러

보통 사람에게 관심을

아들러는 1912년 빈 대학의 객원강사에 지원했다. 객원강사는 대학이 아닌 학생에게 보수를 받고 학교 운영에는 참여하지 않는 자리였다. 그런데 웬일인지 심의가 길어지더니 1915년에 결국 거절당하고 만다. 그 경험 이후로 아들러는 대학에서 가르치는 일보다 보통 사람들이 모이는 곳에서 이야기하는 것을 더 좋아하게 됐다.

아들러는 빈에서 병원을 개업했을 때도 진료비를 비싸게 받지 않았다. 진료비를 받지 않고 환자를 치료해주는 경우도 많았다. 아들러는 잘난 척 거드름을 피우거나 오만하게 행동하지 않았고 정겨운 빈 사투리로 말했다. 또 빈을 각별히 사랑했고, 점심시간이 되면 카페에 모인 사람들 앞에서 이야기하는 것을 좋아했다.

그리고 강의나 강연이 끝난 뒤 질문하러 오는 사람에게 둘러싸이는 것을 좋아했다. 그러다 흥이 나면 가끔은 장소를 바꿔 집이나 레스토랑에서 학구열에 불타는 소수의 학생들이나 친구들과 토론을 이어갔다. 하루의 일을 마치면 즐겨가는 카페에서 때때로 새벽 한두 시까지 머물렀다. 이른 시간에 아들러가 귀가하는 모습을 본 사람이 거의 없을 정도였다. 아침에는 늦어도 일곱 시에는 반드시 일어났다. 그래도 피곤한 기색은 없었다고 한다.

아들러는 전문용어로 강의하는 것을 좋아하지 않았다. 보다 많은 사람들이 보다 쉽게 이해할 수 있는 강의를 만들고 싶어 했고, 그러기 위해서 끊임없이 노력했다.

어느 날 뉴욕 의사회가 아들러의 가르침을 정신과 치료에 사용하고 싶다면서, 의사에게만 강의를 하고 일반인을 대상으로는 강의하지 말 것을 조건으로 강연을 제안해왔다. 그때 아들러는 그 제안을 거절하면서 이렇게 말했다.

"나의 심리학은 전문가만을 위한 것이 아닙니다. 모든 사람을 위한 것입니다."

빈에서 미국으로 거점을 옮긴 아들러가 활동 중심지로 삼은 곳은 뉴욕이었다. 그는 그곳에서 시간이 날 때마다 영화관으로 달려갔다. 영화에 나타난 사람들의 모습을 보는 데 관심이 컸던 까닭이다. 물론 다른 한편으로 그것은 긴장을 풀기 위한 것이기도 했다. 실제로 아들러는 어느 도시에 머물든 하루 일과를 마치면 카페나 영화관을 찾곤 했다.

아들인 쿠르트 아들러에 따르면 아들러는 책상물림 지식인과는 정반대되는 사람이었다. 아들러도 간혹 철학자처럼 자신의 주장을 펼치기도 했지만 그 경우조차도 그는 기본적으로 자신은 지적인 엘리트가 아닌 평범한 보통 사람이며, 결코 간단하지는 않지만 철학적, 심리학적, 사회학적인 생각을 간결하고 최대한 쉬운 말로 설명하려고 애썼다.

아들러의 저서

아들러는 사람들 앞에서 강연이나 강의하는 것을 매우 좋아한 반면, 책을 쓰는 일에는 거의 관심이 없었다. 그의 관심은 오로지 환자를 치료하거나 작은 토론 모임에서 강의하는 데 있었다. 나중에 남겨질 인쇄물이나 책은 그다지 좋아하지 않았다.

아들러가 명확하게 밝히지는 않았지만, 아마도 이야기할 때는 분명히 이해시킬 수 있었던 것도 일단 문자가 되면 명료함이나 정확성이 결여되기 때문이었을 것이다. 실제로 말로 의사를 전달할 때는 강세나 억양, 몸짓이나 미소로 얼마든지 보완할 수 있지만 문자로는 그런 느낌이 전혀 전해지지 않는 경우가 많다. 아들러는 그게 싫었을 것이다. 어쩌면 아들러는 자신의 사상은 너무 상식적인 것이라 굳이 문자로 서술할 필요가 없다고 생각했을지도 모를 일이다.

그럼에도 아들러는 방대한 양의 논문을 남겼다. 그리고 그는 자신이 직접 집필한 책은 적지만 다른 사람에 의해 편집된 책은 다수 발표했다. 대부분이 강의 노트나 속기로 기록된 보고서를 토대로 편집자가 다시 엮어낸 것인데, 그렇게 완성된 원고는 아들러가 직접 훑어보았다.

또 청중에게 들려주는 다수의 강의나 강연이 한 권의 책으로 정리되어 나오기도 했다. 그런 까닭에 동일한 책 중에서도 여러 차례 내용이 중복되는 경우가 종종 있다. 또 그 때문에 아들러의 책을 번역할 때면 앞뒤가 안 맞아 곤란한 경우가 많다. 이를테면 '앞에서 말했던'이라는 말이 있음에도 불구하고 그에 해당하는 내용을 찾아보면 없는 경우가 꽤 있기 때문이다.

이처럼 아들러의 책이 다소 불완전한 형태로 남겨진 것은 유감스러운 일이다. 하지만 아들러의 오랜 친구 칼 푸르트뮐러는 아들러의 책이 이처럼 성급하게 편집된 불완전한 형태로 출판되었다고 해도 결코 아들러가 태만하거나 독자를 위하여 성심을 다하지 않은 것은 아니라고 한다. 그런 형태로라도 출판하느냐 아예 출판을 하지 않느냐 하는 두 가지 선택지밖에 없었기 때문이라는 것이다. 그러면서 푸르트뮐러는 이렇게 덧붙인다.

"아들러 사상을 성실히 탐구하려는 사람은 이 모든 어려움을 극복하고 아들러의 의도를 파악하려 애쓴다. 그러나 비판할 기회를 찾는 사람은 어떻게든 결점을 찾으려 한다."

아들러의 영어

앞에서 살펴보았듯 아들러는 빈에서 활동 거점을 미국으로 옮긴다. 처음 미국에서 강연을 시작했을 때는 의뢰받은 강연이 얼마 되지 않았다. 하지만 얼마 안 있어 하루에도 수차례 강연을 해야 할 만큼 강연 의뢰가 많아졌다. 이들 강연은 당연하게도 영어로 해야 했다. 초창기 아들러의 영어는 서툴렀고 여전히 빈의 강한 억양이 남아 있어서 곤란을 겪었지만 곧 강연할 만큼 능숙해졌다.

그러나 아들러의 독일어 강연과 영어 강연 모두를 들은 한 청중이 아들러의 독일어 강연이 영어 강연보다 훨씬 깊이가 있었다고 말하는 것을 보면, 영어로 강연을 하는 동안 아들러가 얼마나 어려움을 겪었는지를 미루어 짐작해볼 수 있다.

유창한 독일어 강연과 달리 아들러의 영어 강연은 듣고 이해하는 데 어려움은 없지만 의식적으로 그의 강연을 집중해 들을 필요가 있었던 것이다. 그 탓에 아들러에 대하여 반감을 가진 사람은 그것을 빌미로 그를 깎아내렸다. 물론 인간 본성에 대한 아들러의 이해는 언어의 장벽을 넘는 것이었지만 말이다.

제5장

아들러 심리학 강의

문제는 능력이 아니라 용기다

그리스 철학과 아들러

아들러 심리학에는 두 가지 전제가 있다. 하나는 우리는 자신이 의미를 부여한 세상에서 살고 있다는 인지론이다. 그리고 문제가 '어디에서' 생겨났는가를 문제 삼는 원인론이 아닌 '어디로' 향해 가는가를 중시하는 목적론이다. 나는 그리스 철학을 활용해서 아들러 심리학의 기본 전제를 살펴보려고 한다. 그리스 철학을 바탕으로 살펴보려는 이유는 목적론이나 원인론이라는 개념은 이미 그리스 철학에서 다뤄졌기 때문이다. 아들러가 살던 시대에 돌연 나타난 것이 아니었다. 그렇기 때문에 오랫동안 철학에서 성찰한 내용을 바탕으로 한다면 아들러 심리학을 원리적으로 이해하는 데 조금 더 도움이 될 것이라 생각한다.

원인론이 아닌 목적론의 입장에 선다는 게 어떤 것일까? 또 그것이 우리의 인생에서는 어떤 의미를 지니는 것일까? 플라톤은 『파이돈』의 「대화편」에서 목적론과 원인론의 차이를 명확하게 설명해 놓았다. 바로 저 유명한 소크라테스의 죽음에 관한 장면에서다.

소크라테스는 국가가 믿지 않는 신을 믿고 청소년에게 해악을 끼친다는 이유로 고소를 당해 재판을 받고 사형 판결을 받았다. 이런저런 사정이 있어 그의 사형 집행은 한 달 뒤로 연기됐고, 그 동안에 소크라테스의 제자들은 매일 이른 아침부터 형무소를 오갔다.

당시로서는 아무리 사형수라도 형무소 직원에게 뇌물만 주면 얼마든지 해외로 도망칠 수 있었다. 그런데 소크라테스는 제자들의 탈옥 권유를 거절했다. 그리고 자신이 탈옥하지 않고 '왜' 감옥에 남아 있는지를 설명했다. 소크라테스는 자신이 감옥에 갇혀 있는 원인을 젊은 시절 관심을 가졌던 자연학을 바탕으로 설명하려 했다.

내가 지금 이 감옥에 앉아 있는 것은 다음과 같은 원인 때문이다. 내 몸속의 수많은 뼈와 힘줄이 내 몸의 형태를 잡아준다. 단단한 뼈는 관절에 의해서 각 부분으로 나뉘고, 힘줄은 늘어나거나 줄어든다. 근육이나 피부는 뼈 주위를 에워싸고 있고, 이들은 피부에 의해 보호받는다. 그리고 뼈 각 부분은 상호 접합부를 기반으로 자유자재로 움직일 수 있도록 되어 있어 힘줄이 신축하는 대로 움직인다. 그런 까닭에 나는 지금 다리를 구부릴 수 있다. 이런 원인으로 나는 이 감옥에서 이렇게 다리를 오그리고 앉아 있다.

하지만 그런 방식으로는 소크라테스 본인도 '원인'이 만족스럽게 설명되지 않았다고 생각했던 것 같다. 그래서 소크라테스는 다음과 같이 덧붙여 말했다.

만약 내가 여기에 갇혀 형을 받는 게 선이라고 생각하고 정의라 생각하지 않았다면 나의 이런 뼈나 힘줄은 최선을 갈구하려는 생각에 이미 오래전에 메가라(Mégara)나 보이오티아(Boeotia)로 달아났을 것이다.

그러면서 소크라테스는 자신이 감옥에 갇힌 '원인'을 다음과 같이 설명했다.

아테네 사람들은 내게 유죄 판결을 내리는 것이 선이라고 생각했다. 나도 역시 여기에 앉아 있는 것이 선이라 생각했고, 그들이 내린 형이 무엇이든 그것을 따르는 게 정의라고 생각했다.

소크라테스는 이를 두고 '진정한 의미의 원인'이라고 불렀다. 사실 소크라테스가 탈옥하지 않고 사형 집행을 기다린 '원인'을 자연학적으로 신체적인 조건 때문이라고 설명할 수는 없다. 자연학자가 설명했듯 적당한 신체적 조건이 갖춰져 있지 않으면 감옥에 갇힐 수도 없는 것은 맞다. 우리 몸이 뼈와 근육과 피부 등등으로 되어 있지 않고 물 같은 액체나 수증기 같은 기체라면 갇혀 있고 싶어도 갇혀 있을 수가 없을 테니까 말이다. 그러나 그건 어디까지나 '부차적인 원인'일 뿐이다. 그런 조건이 갖춰져 있지 않으면 '진짜 원인'도 원인으로 작용할 수 없을 정도의 필요조건일 뿐이다. 그렇다고 그게 '진짜 원인'이라고 할 수는 없다.

그렇다면 진짜 원인은 무엇일까. 플라톤의 대화편에서는 소크라테스가 감옥에 갇혀서 사형을 기다리는 것을 '선'이라고 생각했다는 것이 '진짜 원인'이라고 밝혔다. 만약에 반대로 소크라테스가 감옥에서 달아나는 것을 '선'이라고 생각했다면 아마 당장에 도망쳤으리라는 것이다.

플라톤은 소크라테스의 죽음을 통해 인간의 존재와 행동의 원인에는 이처럼 '진짜 원인'과 '부차적인 원인'이 있다고 설명했다. 아리스토텔레스는 이를 조금 더 상세하게 네 가지 원인으로 나누어 생각했다. 조각을 예로 들어 생각해보자.

첫째, 청동, 대리석, 점토가 없으면 조각상은 존재할 수 없다. 이 경우에 청동, 대리석, 점토는 조각상의 '소재인(素材因)'이다. 둘째, 조각상을 만드는 조각가가 필요하다. 이것은 '작용인(作用因)'이다. 세 번째 원인으로 '형상인(形相因)'이 있다. 조각가가 조각상을 조각할 때는 모델이 필요한데, 그게 사람일 수도 있고 사물일 수도 있다. 그것을 형상인이라 한다. 나아가 아리스토텔레스는 이들 원인 외에 '목적인(目的因)'이라는 것을 생각한다. 조각의 소재는 자연계에 수두룩하고, 조각상을 만들 수 있는 아이디어를 가진 조각가도 많다. 그러나 만일 그 조각가가 조각상을 만들기를 원치 않으면 조각상은 이 세상에 존재할 수 없다. 조각가가 어떤 목적을 위해서, 예컨대 자신의 즐거움을 위해서건 혹은 팔기 위해서건 조각을 만들려고 해야만 조각상은 존재할 수 있는 것이다.

이렇게 보면 소크라테스가 감옥에 갇힌 '진짜 원인'은 아리스토텔레스가 말하는 '목적인'에 상응한다. 소크라테스는 감옥에 갇혀 있을 수 있는 육체가 있었기에 감옥에 갇힌 게 아니다. '진짜 원인'은 소크라테스가 감옥에 갇혀 있는 것을 '선'이라 생각했기 때문이다. 소크라테스는 감옥에 갇혀 있는 것이 선이라고 생각했고, 그래서 그것이 소크라테스의 행동 '목적'이 되었기 때문에 감옥에 갇힌 것이다.

아들러도 어떤 행동에 대하여 '왜?'를 물을 때에 '원인'이라는 말을 자주 사용한다. 그러나 이 말은 '엄밀한 물리학적, 과학적인 의미에서의 인과율'이 아니라는 점에 주의해야 한다. 아들러가 말하는 '원인'은 플라톤이 말하는 '진정한 의미의 원인', 또는 아리스토텔레스가 말하는 '목적인'인 것이다.

여기 응석받이 아이가 하나 있다고 가정해보자. 그 아이가 응석을 부리고 있다면 그것의 원인은 어머니에게 있다고 할 수 없다. 분명 어머니는 아리스토텔레스의 분류에 따르면 '작용인'에 해당된다. 응석을 받아주는 어머니가 없으면 응석을 부리는 아이는 없을 것이기 때문이다.

그렇지만 그렇다고 해서 그 어머니가 키운 아이가 모두 반드시 응석받이가 되는 것은 아니다. 아이가 응석받이가 되는 것은, 플라톤에 따르면 아이 자신이 응석받이가 되는 것을 '선'이라 판단했기 때문이고, 아들러에 의하면 아이가 응석받이가 되겠다는 목적을 갖고 있었기에 응석받이가 된 것이다.

따라서 그런 행동에 앞서 있었던 사건이나 다른 외적인 요소는 '부차적인 원인(영향인)'일 수는 있어도 '진정한 의미에서의 원인(결정인)'은 아니라고 할 수 있다.

부모가 아이의 응석을 받아줬기 때문에 아이가 응석을 부리는 것이 아니라는 말이다. 오히려 아이가 보기에 부모가 응석을 받아주는 것이 자신에게 이롭다고 생각해서, 그런 자신의 목적을 위해 부모의 반응을 이용한 결과 응석받이가 되었다는 뜻이다.

행동 목적으로서의 선

목적을 이런 식으로 본다면 우리는 그 목적이 우리들의 이익에 반할 것이라는 생각은 할 수가 없다. 소크라테스는 감옥에 갇히는 것을 '선'이라고 판단했는데, 그리스어에서 말하는 '좋다' 혹은 '선'이라는 말의 의미는 도덕적인 의미가 아니다. 단지, '무엇인가를 위한다'는 뜻일 뿐이다. 당연히 반대로 '악'은 도덕적인 의미에서 '부정'을 뜻하지 않는다. 이 역시, '무엇인가를 위한 것이 아니다'라는 의미일 뿐이다.

플라톤의 『파이돈』에는 '어느 누구도 악을 원하는 사람은 없다'고 하는 소크라테스의 역설이 소개되어 있다. 뒤집어 말하면 모든 사람이 선을 원한다는 뜻이다. 이 소크라테스의

역설을 듣고는 간혹 '보통 악을 원하는 사람도 있지 않을까?'
하고 생각하는 사람도 있다.

하지만 잘 생각해보자. 어느 누구도 악을 원하는 자는 없다
는 말의 의미는 그 어느 누구도 자신을 위하지 않는 일을 원
하는 사람은 없다는 뜻이다. 즉, 아무도 불행해지기를 원하
지 않는다, 누구든 행복을 원한다는 의미가 된다. 이렇게 보
면 소크라테스의 역설은 그저 '모든 사람은 자신의 행복을 원
한다'는 사실을 이야기하는 것일 뿐이다. 역설이라고 할 수도
없다.

그러나 무엇이 선인가의 문제, 즉 무엇이 인간을 행복하게
하는가, 라는 문제에 부닥치면 이에 대한 대답이 간단치 않
다. 이 문제에 대해서는 모든 개개인마다 의견이 다르기 때
문이고, 행복을 위해 개개인이 선택하는 수단 역시 각양각색
이기 때문이다.

소크라테스는 다음과 같이 말한다.

"중요하게 생각해야 할 것은 그저 사는 것이 아니라 잘 사는 것이다."

이때 '잘'이라는 뜻은 '아름답게' 혹은 '바르게'라는 뜻이다.
소크라테스는 '아테나 사람들의 용서를 받지 않고 여기서 나

가려는 것은 옳은 것인가? 아니면 옳지 않은 것인가?'라고 스스로에게 자문한다. 소크라테스에게 '선'은 '아름답게' '바르게' 사는 것이었다. 그래서 그는 감옥에 갇힌 채 죽음을 택하게 됐던 것이다.

아들러는 사람들이 유전이나 환경, 과거의 경험 등을 자신의 목적을 위해 사용한다고 말했다. 또한 아들러는 공동체 감각이나 수평관계, 협력, 공헌이라는 것 역시 '잘'살기 위해 사람들이 스스로 선택하는 것이라고 말했다.

프로타고라스는 "인간은 만물의 척도이다."라고 했다. 이 말의 참뜻은 이런 것이다. 모든 것은 각자의 생각에 따라 좋은지 나쁜지가 결정된다는 뜻이다. 이렇게 생각해보자. 우리가 무언가를 먹었을 때 그게 쓰다거나 달다고 생각한다면 그 생각은 모두 참이다. 그런데 그것이 선인지 아닌지를 생각할 때는 헷갈린다. 가령, 그 무언가를 먹었을 때 내 몸에 해로울지 아니면 건강에 좋을지는 각자의 생각과는 무관하게 결정되는 것이 아닐까 싶은 생각이 들기 때문이다.

어떤 음식이 건강에 이로운지 해로운지를 판단하는 절대 기준이 따로 있다면 '어떻게 살 것인가?'와 같은 문제에 대해서도 역시 가장 최선이라 할 수 있는 절대적인 기준이 있지 않겠는가, 하고 생각할 수 있는 것이다. 그러나 그런 질문을 아들러에게 던진다면 아들러는 단호하게 "아니오."라고 대답할 것이다.

아들러는 절대적인 기준을 어떤 개인이 처해 있는 상황과 무관하게는 인정하지 않았다. 무엇이 좋고 무엇이 나쁜지는 자신이 처해 있는 상황에 따라 그때마다 스스로가 결정하는 것이라고 봤다. 따라서 아들러가 말하는 공동체 감각에 대해서도 주의 깊게 생각해야 한다. 초월적인 가치로서 공동체 감각을 생각한다면 그건 아들러 심리학의 기본 전제라고 할 수도 없고, 매우 위험하기까지 하기 때문이다.

우리는 각자 자신이 의미를 부여한 세계에서 살고 있다

원래 사람은 모두 동일한 경험을 하는 게 아니다. 저마다 자신의 관심에 따라 세계를 이해하는 것이다. 언젠가 나는 이런 경험을 한 적이 있다. 어느 날 아들과 근처 레스토랑에 식사를 하러 갔다. 우리 부자는 입구에서 자리로 안내되기를 기다렸고, 젊은 여종업원은 나를 보더니 이렇게 물었다.

"혼자 오셨습니까?"

나는 분명히 아들과 함께 나란히 서 있었는데 말이다. 아마도 그 여종업원은 평일 낮 시간에 내 나이 또래의 남자가 아이를 데리고 식사하러 올 리가 없다고 생각했던 게 아닐까 싶다. 그래서 당연히 남자 혼자 점심 식사하러 온 것이라고 생각한 것이 아닐까? 아들이 옆에 있는 것을 보고도 그 종업원이 "혼자 오셨습니까?"라고 물어서 나도 모르게 짜증 섞인 표정을 지었던 것인지 상대는 곧 자신이 잘못 생각했다고 깨달은 것 같았다. 그리고 이번에는 이렇게 물었다.

"세 분이신가요?"

그녀가 그렇게 말한 것을 들으니 내 추측이 거의 확실해졌다. 그 여종업원은 이렇게 생각했던 것 같다.

'그렇군, 이 두 사람은 부자지간이구나. 그렇다면 여기에는 당연히 한 사람이 더 있어야 해. 그래, 어머니야. 그런데 아이의 어머니는 어디에 있을까? 아, 그렇구나. 지금 밖에서 메뉴를 보고 있거나 화장실에 갔나보다.'

여종업원은 남자 손님과 아이가 식사하러 올 수 있다는 생각이 평소에 없었기 때문에, 자신의 주관적인 생각대로 나와 아이, 그리고 분명히 내 아내가 같이 왔으리라 생각한 거였다.

아들러는 이와 비슷한 상황을 다음과 같은 예를 들어 설명했다. 아들러는 자신이 만일 사다리를 꺼내와 그것을 타고 교실 칠판 위에 걸터앉았다고 가정해보라고 했다. 그 광경을 본 사람은 누구라고 할 것도 없이 '아들러 선생님은 이상하다'고 생각할 것이다. 무엇 때문에 사다리를 꺼내왔는지, 왜 거기에 올라갔는지, 왜 그토록 불안한 자세로 앉아 있는지 전혀 이해하지 못할 거라고 했다. 그러나 만약 사람들이 '아들러 선생님은 남보다 높은 곳에 있어야 기죽지 않는다. 그래서 칠판 위에 앉아 있는 것이다. 교실을 내려다볼 때 비로소 안심한다'는 것을 알게 되면 그때는 자신이 그다지 이상하다고 생각하지는 않을 거라고 설명했다.

앞의 여종업원 이야기나, 아들러가 예로 든 '칠판 위에 앉은 아들러' 이야기는 사람들은 세상을 주관적으로 해석하고 의미화하며 살아간다는 걸 보여준다. 우리는 우리가 생각하듯이 그렇게 객관적으로 현실을 인식하는 것은 아니다.

어느 날 아들이 "아빠, 내가 1년 전보다 키가 커서 지금은 아버지보다도 큰데, 그건 아버지 키가 작아졌다는 뜻인 거죠?"라고 말해서 흠칫 놀랐던 적이 있다. 그냥 유치한 아이의 생각이라며 무시할 만한 질문이 아니었다. 만약 플라톤이었다면 분명히 내 키는 동일 상태가 아니라 '실제로' 변했다고 했을 것이다. 아마 작아졌다고 말했을 것이라는 얘기다. 내 신장은 155센티미터다. 아들러도 이 정도 신장이었다. 일반적으로 사람들은 155센티미터면 작은 신장이라고 생각한다. 그러나 아들러는 155센티미터면 작은 키다, 라고 절대적으로 생각하는 것을 거부한다. 아이의 키에 비교하면 크다. 하지만 다른 성인과 비교하면 작다. 상대적인 거다. 내 키는

155센티미터로 변하지 않지만, 아이와 비교할 때는 크다고 느끼고 나보다 큰 다른 어른과 비교할 때는 작다고 주관적으로 생각하는 거다.

이처럼 생각하면 우물물이 여름에는 시원하게 겨울에는 따뜻하게 느껴지는 사태 역시 비슷한 경우다. 우물물은 늘 18도 정도를 유지한다. 시원하다거나 따뜻하다고 느끼는 건 단지 주관적인 느낌일 뿐 '사실' 온도는 변하지 않는 것이다.

위의 두 사례가 조금 와 닿지 않는다면 화폐 가치를 생각해보자. 그러면 조금 더 명확해진다. 예컨대 10년 전의 500엔과 지금의 500엔의 가치는 같은가? 다른가? 만일 이 물음에 대하여 액면에 적힌 금액이 같기에 10년 전도 지금도 같다고 답한다면, 아마 그 사람의 상식이 의심받을 것이다. 왜냐하면 10년 전에 500엔으로 살 수 있었던 물건을 지금은 살 수 없기 때문이다.

이렇게 생각하면 사적 감각으로서의 세계는 개인이 구성했다는 의미에서 분명 가상이기는 해도, 그것과 다른 절대적인 기준이 되는 세계를 상정하고 그것만이 진실이라 생각할 필요는 없을 것 같다. 이 우물물은 18도니까 차가울 리 없다, 이렇게 생각하는 것은 웃기는 일이다. 이게 그저 웃기는 문제에 그치지 않는 것은, 그런 당신의 사적인 감각을 다른 사람에게 강요하게 되는 경우다. 주관적이면서도 사적인 감각을, 기성의 가치라는 이름으로 강요하는 일은 실로 위험하기 그지없기 때문이다. 앞에서도 잠깐 언급한 바와 같이 공통 감각이 잘못된 경우도 상당수 있을 수 있기 때문이다. 따라서 개개의 장면에서 각자가 사적 감각을 가진 사람들끼리 공통의 언어를 찾아내어 보다 '잘'살아가는 방책을 찾아가는 수밖에 없다.

이렇게 보면 모든 장면에서 모든 사람에게 용기를 주는 말은 있을 수 없다. 지금까지 예로 든 사례만 봐도 알 수 있다. 지금 자신이 한 말이 상대에게 용기를 주었는지 아닌지를 늘 반성하고, 개개의 장면에서 어떤 말이 용기를 주는지 심사숙고하는 수밖에 없다. 때로는 얼핏 용기를 줄 것 같지 않은 말이 뜻밖에 용기를 안겨주기도 한다. 용기를 준다는 것은 정답이 있는 것이 아니라, 상대와 함께 구성한 현실 속에서만 의미를 가지기 때문이다.

오에 겐자부로도 비슷한 뉘앙스의 작품을 남긴 적이 있다. 그의 작품 중 『회복하는 가족』을 보면. 아들 히카리가 집을 나서면서 할머니에게 그것도 큰소리로 이렇게 말하는 장면이 나온다.

"기운 내서 확실히 죽어주세요!"

할머니는 이 말에 이렇게 대답했다.

"알았다, 기운 내서 씩씩하게 죽어주마. 그런데 히카리, 섭섭하
지만 이걸로 작별이구나!"

다행히 할머니는 얼마 뒤 병에서 회복되었는데, 그랬을 때
이런 말을 한다.

"내가 아팠을 때 가장 힘이 됐던 건 뜻밖에 히카리의 인사였어.
기운 내서 확실히 죽어주세요! 그렇게 말하던 히카리의 목소리
를 떠올리면 왠지 용기가 났단다. 어쩌면 그 덕에 다시금 살게
되었는지도 모르겠구나."

나는 용기 부여에 대하여 이야기할 때면, 늘 이 이야기가 떠
오른다. 관계에 따라서는 아주 독한 '죽어버리라'는 말도 용기
가 될 수 있다는 것을 이 이야기는 보여주고 있기 때문이다.

인생의 과제에서 도망칠 때

아들러는 과거에 원인이 있고 미래에 목적이 있다는 식으로 생각하지 않았다. 오히려 아들러는 목적이라는 것은 개인이 머릿속에서 상상을 통해 이미지처럼 만들어지는 것이지 현실 속에 떡하니 놓여 있는 것은 아니라고 생각했다. 그래서 아들러는 늘 목적에 대해 '가상적'이라는 표현을 썼다. 그런 한편 아들러는 현재 겪고 있는 문제의 '원인'도 객관적으로 과거에 존재하는 것이 아니라고 설명했다.

아들러는 인생에는 피해갈 수 없는 과제가 있다고 말했다. 일이라는 과제, 친구들과의 교우 과제, 사랑이라는 과제가 그것이다. 이와 같은 인생의 과제와 맞서기 위해서는 상당한 노력과 인내를 들이부어야만 한다. 그런데 문제는 사람들이 종종 그와 같은 과제들을 해결할 능력이 자신에게 없다고 생각하고는 인생의 과제에서 도망치려 한다는 점이다.

아들러는 가끔 열등 콤플렉스라는 말을 강한 열등감이라는 뜻으로 사용한다. 사람들은 종종 일상생활에서 자신이 무언가를 할 수 없는 원인으로 어떤 이유를 제시한다. 'A이기 때문에 (혹은 A가 아니기 때문에) B할 수 없다'는 논리를 일상의 생활에서 빈번히 사용하는 경우가 종종 있는데 아들러는 이를 가리켜서 열등 콤플렉스라고 불렀다. 아들러는 카드놀이에 열중한 아이를 예로 들면서, 그 아이는 자신이 공부를 못하는 이유가 카드놀이 때문이라고 원인을 제시한다고 말했다. 요즘에 비교하면 스마트폰 게임 때문에 공부를 못한다고 말하는 것과 비슷할 것이다. 또 아주 젊을 때 결혼했던 어떤 청년은 자신의 인생이 순조롭게 흘러가지 않는 데 대한 원망을 결혼으로 돌리곤 했다. 너무 젊을 때 결혼을 해서 자신의 인생이 꼬였다고 말이다.

아들러가 보기에 열등 콤플렉스는 진실이 아니다. 정말 아이가 카드놀이 때문에 공부를 못하는 것도 아니고, 젊을 때 결혼을 해서 인생이 꼬이는 것도 아니다. 대다수의 사람들은 자신이 수행해야 할 인생의 과제 앞에서 그것을 회피하기 위한 구실로 열등 콤플렉스를 끄집어낸다.

그런데 그런 구실은 대부분 주변 사람들이 '그런 이유라면 어쩔 수 없을 것 같다'고 생각하도록 만들기만 할 뿐이다. 너무 가난했다거나, 부모님이 사이가 아주 안좋았다거나, 이런 이유들을 들으면 사람들은 그로 인해 어떤 사람이 방황하게 되는 것을 상당 부분 인정해준다. 그러나 아들러가 보기에 그건 핑계에 지나지 않는다. 그런 구실을 통해 타인뿐 아니라 자기 자신도 속이고 있다는 것이다. 그래서 아들러는 그와 같은 구실을 '인생의 거짓말'이라고 불렀다.

결정론에 반대한다

이처럼 자신이 수행해야 할 인생의 과제를 앞에 두고 '주저하
는 태도'를 취하는 사람들을 오늘날의 사회에서는 매우 자주
만날 수 있다. 그들의 논리에 따르면, 사람의 현재 모습은 과
거나 외적인 원인에 의해서 결정되는 것이다. 그래서 그들은
자신의 지금 이 모습 외에 다른 모습은 있을 수 없다고 생각
한다.

분명 원인론의 입장에 서면, 어떤 사람의 지금 모습은 바뀔
수 없다는 결정론에 빠질 수밖에 없다. 그래서 아들러는 늘
결정론에 반대했다. 마치 페르시아 전쟁의 영웅 테미스토클
레스처럼 말이다.

테미스토클레스에 대하여 다음과 같은 이야기가 전해진다.

어느 작은 나라 사람이 테미스토클레스에게 말했다.

"당신이 오늘날 누리는 명성은 당신 자신의 힘으로 얻은 것이 아닙니다. 당신은 운 좋게 아테네에서 태어났지요. 당신이 아테네 같은 나라에서 태어났기 때문에 지금의 명성을 누리는 것입니다."

그는 이렇게 말하며 그의 명성에 흠집을 내려고 했다. 그때 테미스토클레스가 대답했다.

"과연 그럴지도 모르겠습니다. 내가 만약 당신 나라와 같은 작은 나라에서 태어났다면 나는 오늘 내가 누리는 명성을 이룰 수 없었을지도 모르겠습니다. 그러나 말입니다. 당신이 아테네에서 태어났다고 해서 나처럼 명성을 얻을 수 있었다고도 말할 수 없을 것입니다."

테미스토클레스의 말은 의미심장하다. 어떤 사람이 자신에게 주어진 사회적 조건만으로 그 사람의 지금 상황을 설명할 수 없다는 뜻이다. 아주 열악한 환경 속에서 태어난 사람 중에는 좌절해서 몰락한 사람이 있는 반면, 그 역경을 헤치고 큰 성취를 이룬 사람도 있다.

부모 사이의 관계가 안좋은 가정에서 자랐다고 모두 삐뚤어지는 것도 아니다. 그 사람의 사회적 조건, 혹은 그 사람이 성장한 환경이나 형제관계 등만을 가지고는 그 사람을 설명할 수 없다. 그것들은 영향을 주는 부차적인 원인, 즉 영향인이기는 해도 진짜 원인인 결정인은 아니기 때문이다.

자신이 정한다

그렇다면 무엇이 그 사람의 현재를 결정하는 것일까? 아들러와 한때 함께 일했던 빅터 프랭클 박사는 그의 책에서 다음과 같이 말한 바 있다.

우리 자신을 결정하는 것은 우리 스스로다. 환경이나 교육, 소질 같은 것들이 아니다. 인간은 '난 이런 환경에서는 이렇게 살 수밖에 없다. 다른 삶은 있을 수 없어.'라며 자포자기하고 살아갈 필요가 없다. 우리는 언제든 다른 삶을 살겠다고 선택할 수 있다.

프랭클은 그의 저서에서 매우 분명하게 '반(反)'결정론적 입장을 밝혔는데, 이는 아들러의 견해와 동일하다. 이와 같은 반결정론은 트라우마가 거의 모든 심리적 현상 뒤에 있다고 여겨지는 오늘날에는 고찰해볼 충분한 가치가 있다.

우리는 아이를 교육시킬 때도 이와 같은 반결정론의 태도를 가져야 한다. 아무리 아이가 개선의 여지가 없어 보여도, 그 아이는 고쳐질 수 없다고 단정 지어서는 안된다. 아무리 최악의 상황에 있는 것 같아도 그 아이에게 다가가 방법을 찾지 않으면 안 된다. 과거의 트라우마가 현재의 상태를 결정한다는 원인론에서 벗어나 아들러가 제시하는 목적론의 입장에 선다면 분명히 그 아이의 현재 상태를 개선할 방법을 찾을 수 있다.

아들러는 이를 보다 알기 쉽게 설명하기 위해 차에 치인 개 이야기를 들려준다. 어느 날 주인의 곁에서 걷도록 훈련받은 개가 우연한 실수로 차에 치이게 됐다. 개가 차에 치인 건 사실 개의 부주의 탓이었다. 하지만 개는 그렇게 생각하지 않았다. 그래서 그 개는 자신이 차에 치인 것이 '장소' 때문이라고 생각했다. 개는 사고를 '그 장소'의 탓으로 돌리고 무서워하면서, 그 장소에는 가까이 가려고도 하지 않았다.

아들러는 신경증에 걸린 사람도 이와 같다고 말했다. 신경증에 걸린 사람은 마치 사고가 일어난 장소에 가까이 가지 않으려는 개처럼, 체면을 잃지 않기 위해서 자신의 문제를 어떤 사건이나 장소 탓으로 돌린다. 그래서 그것을 자신이 인생의 과제와 맞닥뜨릴 수 없는 원인으로 만들어버린다. 앞서 사고를 당한 개는 이렇게 생각한 것이다. '사고를 당한 것은 그 장소 탓이다. 나의 부주의나 경험 부족의 탓이 아니다.'라는 결론을 내려버린 것이다. 그렇게 생각하고 나서 개는 언제나 위험은 '그 장소'에 있다고 생각하게 된다. 그래서 사고가 난 장소 근처에 가지 않으려 하는 것이다.

우리 인간도 그 개처럼 얼마든지 '원인'을 늘어놓을 수 있다. 부모의 문제, 가족의 문제, 충분히 교육을 받지 못한 것, 어렸을 때 겪었던 어떤 사고나 억압, 무서웠던 선생님 등을 '원인'이라고 내세울 수 있다는 얘기다.

이처럼 어떤 것을 원인으로 삼아 지금 자신의 상태를 설명하는 환자의 경우는 치료의 가능성을 기대하기 어렵다. 더 나아가 원인론의 입장에 서면 올바른 육아와 교육을 기대하기도 힘들다.

심적 외상 후 스트레스 장애(PTSD)를 겪는 사람이나 혹은 어덜트 칠드런(Adult Children)에 해당되는 것처럼 보이는 사람의 경우, 공통적으로 강한 우울, 불안, 불면, 악몽, 공포, 무력감, 전율 같은 증상을 겪거나, 혹은 극단적인 활동성을 보인다. 그런데 우리는 그들의 그런 증상은 과거의 정신적·신체적인 고통, 가족에게 받은 거부나 학대라는 외부적인 이유에 의해 '마음이 다쳐서' 일어난다고 생각한다. 이와 같은 생각은 인간이 어떤 상황에서도 자신의 행동이나 마음가짐을 선택할 수 있다는 가능성을 인정하지 않고 사람은 외부 세계로부터의 자극에 반응하는 존재에 지나지 않는 것으로 보는 것이다.

하지만 아들러는 트라우마를 인정하지 않는다. 아들러는 우리가 겪는 어떤 경험도 그 자체만으로는 성공이나 실패의 원인이 될 수 없다고 본다. 아들러는 우리가 어떤 경험을 겪었는지가 중요한 것이 아니라고 말했다. 우리는 우리가 겪은 경험에 의해 결정되는 것이 아니라, 그 경험에 어떤 의미를 부여함으로써 우리 자신을 결정한다는 것이다.

그러니 우리가 어떤 경험을 트라우마로 보면 그것이 트라우마가 되는 것뿐이다. 하지만 그것을 트라우마로 보지 않는다면 트라우마가 되지 않는다. 그게 똑같은 사건을 겪거나 똑같이 어려운 환경에서 자라도 서로 다른 현재를 마주하게 되는 이유다. 만약 어떤 경험에 의해서 사람들이 똑같은 영향을 받는다고 가정하면, 그리고 그 이외의 삶은 우리 인간이 선택할 수 없다고 생각한다면, 그 순간부터 우리를 지금과는 다른 삶으로 이끌어주는 교육이나 육아, 치료는 애당초 불가능하다고 말할 수 있는 것이다.

개인의 주체성

아들러는 원인론의 입장에 서지 않는다. 그래서 사람이 어떤 사건을 겪고, 그것을 체험한 게 원인이 되어서 특정한 문제를 일으킨다는 생각에 반대했다. 대신 그 사건 때문에 오히려 그때까지 숨겨져 있던 라이프스타일이 분명히 드러나게 된다고 생각했다. 말하자면 아들러는 사춘기가 아이의 성격을 바꾸는 게 아니라, 아이가 사춘기를 겪으면서 과거에 형성된 성격이 더욱 분명하게 드러나게 된 것이라고 말했다.

어떤 사건이나 환경이 원인이 될 수 없기에, 동일한 환경에서 자랐다고 해서 두 아이가 같아지는 것은 아니다. 형제자매 사이에서 서열의 차이는 분명히 아이에게 큰 영향을 주기는 한다. 그러나 그 역시도 결정적인 것은 아니다. 중요한 것은 아이가 자신이 처한 환경과 형제자매 사이에서의 서열을 어떻게 해석하는지이다. 그것을 통해 아이는 자신의 성장, 태도, 성격 등을 결정한다.

아들러는 넓은 의미에서의 정신 기능, 즉 감정이나 마음, 성격, 라이프스타일이나 과거의 경험, 병력, 이성, 사고 등까지를 개인이 사용하는 것이라고 생각했다.

따라서 열등 콤플렉스도 기존과는 다르게 해석했다. 주로 우리는 B를 못하는 이유로 A라는 원인을 언급하는 경우가 많다. 어렸을 때 높은 곳에서 떨어졌기 때문에 나는 높은 곳을 무서워한다는 식이다. 그러나 아들러는 이를 다르게 생각한다. 나는 높은 곳에서 떨어진 적이 있어서 높은 곳을 무서워하는 것이라기보다는, 나는 높은 곳이 두렵기 때문에 높은 곳에 가는 것이 무섭고, 그래서 과거에 높은 곳에서 떨어졌던 사건을 '원인'으로 이용한다는 거다. 한마디로 말하면 트라우마는 우리가 인생의 과제를 회피하기 위한 구실로 드는 변명이라는 것이다. 그래서 아들러는 트라우마를 '인생의 거짓말'이라고 불렀다.

그리스 철학에는 아크라시아(akrasia) 혹은 아크라테이아(akrateia, 무절제·의지박약)라는 철학의 중요한 주제가 있다. 아크라시아는 어떤 일이 선이라는 것을 알고 있으면서도 그것을 실천할 수 없거나, 어떤 일이 나쁘다는 것을 알면서도 그것을 행하는 경우다. 과연 이러한 사태가 있느냐 없느냐는 무척 중요한 철학적 주제였다. 이런 상황에 대해 아들러는 엄밀하게 말해 아크라시아나 아크라테이아와 같은 사태는 없다는 입장이다.

평소에는 이성적인 사람이 뭔가를 계기로 '돌연 이성을 잃고' 화를 냈다거나 폭력을 휘둘렀다고 치자. 그것은 감정에 휘둘려 자신의 이익에 반하는 행동을 한 아크라시아의 사태일까? 아들러는 이 같은 아크라시아, 예를 들어 감정에 지배당해 나쁘다는 것을 알면서도 해버렸다는 것을 인정하지 않는다. 오히려 아들러는 그 시점에서 화를 내거나 폭력을 휘두르는 행동이 자신에게 선이라고 판단했기 때문에 그렇게 한 것이라고 설명한다. 아들러의 설명에 따르면 전체로서의 '내'가 어떤 것을 하겠다고 결정하거나 또 하지 않겠다고 결정하는 것이기에, 마음의 일부는 하고 싶고 다른 일부는 하고 싶지 않다는 괴리는 우리 마음에서 일절 있을 수 없다는 것이다. 대중들 앞에 나서길 두려워하는 사람이 "사람들 앞에 나서는 것을 두려워할 필요 없다는 것은 잘 알고 있어. 하지만 난 그렇게 할 수 없는 걸?" 이렇게 말할 때, 사실은 할 수 없는 것이 아니라 하고 싶지 않은 것일 뿐이라는 얘기다.

그래서 아들러는 어떤 행위를 선택하는 시점에서 그 선택의 책임은 선택한 그 사람에게 있다고 본다. 그런 의미에서 아들러 심리학은 책임을 묻는 엄격한 심리학이자 용기 있게 자신의 과제와 직면하기를 촉구하는 '용기의 심리학'인 것이다.

이 책의 원고를 완성하고 나서 나는 시카고에서 열린 국제 아
들러 심리학회에 참가하게 됐다. 세계 각국에서 200명 정도
의 학자들이 모여들었다. 중간에 전쟁으로 중단된 시기를 제
외하면 1922년부터 꾸준히 개최되고 있는 학회였다. 나는
이 학회에 참가하면서 뭔가 운명적인 묘한 인연을 느끼지 않
을 수 없었다.

  빈에 있는 아들러의 학교교육그룹 회원인 동시에 대학에
서 그리스어를 가르치던 데이비드 오펜하임이라는 아들레안
(아들러 심리학을 배우는 사람)이 있었다. 그는 아들러가 1911년
에 프로이트의 정신분석학회에서 탈회했을 때에 행동을 함

께했던 사람이다. 오펜하임의 가르침을 받은 사람의 증언에 의하면, 그는 단순히 그리스어를 가르친 것이 아니라 그 강의는 소크라테스나 플라톤의 정신을 체현하는 것이었다고 한다.

이윽고 빈에 나치의 손길이 미치고 유대인인 오펜하임에게도 위험이 닥쳤을 때 친구들은 그에게 도망치라고 권했다. 그러나 그는 자신에겐 도망칠 이유가 하나도 없다며 끝끝내 빈에 머물렀다. 결국 그는 수용소로 끌려가 죽임을 당하고 말았다.

이 이야기를 처음 들었을 때, 나는 소크라테스가 그리스 청년들에게 나쁜 영향을 끼쳤다는 이유로 사형 판결을 받고 감옥에 갇혔을 때가 떠올랐다. 제자들이 소크라테스에게 탈옥을 권했지만 그는 단호히 거절하고 기꺼이 독배를 마시고 죽었던 사실을 말이다.

나도 오펜하임처럼 그리스어를 가르치는 철학자다. 오펜하임에 대하여 알게 된 건 내가 아들러 심리학을 공부하기 시작했을 무렵이었다. 그때 나는 그리스 철학과 아들러 심리학 양쪽을 어떤 식으로 내 안에서 받아들여야 좋을지를 고민하고 있었다. 그러다 오펜하임의 인생을 알게 됐다. 그 순간 나의 고민은 말끔히 날아가 버렸다. 그때부터 나는 아들러 심리학을 사람들에게 가르치리라 결심했다. 그게 내가 할 수 있는 일이라 생각했다.

아들러의 친구였던 필립스 보톰은 아들러가 창시한 심리학이 이론에 그치는 것이 아니라고 했다. 그는 아들러 심리학은 '마음의 태도'에 대한 학문이라고 말했다. 또 1990년에 이탈리아 아바노에서 열린 국제 아들러 심리학회에서 오펜하임의 생애에 대하여 특별 강연을 했던 엘빈 링겔 박사는 아들러 심리학을 생활에서 실천하며 살아가는 자가 진정한 아들레안이라고 말했다.

이처럼 아들러 심리학을 가르친다는 것은 일견 간단해 보이지만 그리 간단하지 않다. 아들러 심리학은 이론과 실천이 긴밀하게 연결되어 있기 때문이다. 때문에 그것을 가르치려면 평소 끊임없이 '자신은 어떻게 살아갈 것인가'를 음미하지 않으면 안 된다. 그런 의미에서 내가 아들러 심리학을 사람들에게 가르치겠다고 마음먹은 것은 엄청난 선택을 한 셈이었다.

그렇게 사람들에게 아들러 심리학을 가르치면서 그들에게 이것만큼은 꼭 이야기하고 싶다고 생각했던 주제들을 모아서 완성한 것이 바로 이 책이다. 이 책을 읽은 독자의 가슴에 무언가 남아서 용기 있게 삶을 변화시켜 갈 수 있다면 저자로서 더할 나위 없이 기쁠 것 같다.

　인생의 과제로부터 도망치지 말고, 세상에 의미를 부여하며 용기 있게 살아가길 기원한다.

기시미 이치로

옮긴이 박재현

1971년 서울에서 태어났다. 상명대학교 일어일문학과를 졸업하고 일본으로 건너가 일본 외국어전문학교 일한 통·번역학과를 졸업했다. 이후 일본 도서 저작권 에이전트로 일했으며, 현재는 출판 기획 및 전문 번역가로 활동 중이다.

역서로 기시미 이치로의 『버텨내는 용기』를 비롯해, 『니체의 말』 『괴테의 말』 『이성의 한계』 『뇌, 새로고침』 『뇌는 0.1초 만에 사랑에 빠진다』 『하루에 한 번, 마음 돌아보기』 『선을 넘지 마라』 『머리 청소 마음 청소』 등이 있다.

아들러 심리학을 읽는 밤

펴낸날	초판 1쇄 2015년 1월 15일
	초판 29쇄 2024년 5월 31일

지은이	기시미 이치로
옮긴이	박재현
펴낸이	심만수
펴낸곳	(주)살림출판사
출판등록	1989년 11월 1일 제9-210호

주소	경기도 파주시 광인사길 30
전화	031-955-1350 팩스 031-624-1356
홈페이지	http://www.sallimbooks.com
이메일	book@sallimbooks.com

ISBN	978-89-522-3064-5 03180